LE BACCALAURÉAT

ET

L'ENSEIGNEMENT SECONDAIRE,

MÉMOIRE

PRÉSENTÉ AU CONSEIL ACADÉMIQUE DE PARIS

LE 7 JUILLET 1885,

PAR M. GRÉARD,

MEMBRE DE L'INSTITUT,

VICE-RECTEUR DE L'ACADÉMIE DE PARIS.

PARIS.

IMPRIMERIE NATIONALE.

M DCCC LXXXV.

LE BACCALAURÉAT

ET

L'ENSEIGNEMENT SECONDAIRE.

LE BACCALAURÉAT

ET

L'ENSEIGNEMENT SECONDAIRE,

MÉMOIRE

PRÉSENTÉ AU CONSEIL ACADÉMIQUE DE PARIS

LE 7 JUILLET 1885,

PAR M. GRÉARD,

MEMBRE DE L'INSTITUT,

VICE-RECTEUR DE L'ACADÉMIE DE PARIS.

PARIS.

IMPRIMERIE NATIONALE.

M DCCC LXXXV.

TABLE DES MATIÈRES.

III

LES CONCLUSIONS À TIRER DE L'ENQUÊTE.

LE BACCALAURÉAT

ET

L'ENSEIGNEMENT SECONDAIRE.

L'objet et le caractère général de l'enquête. — L'enquête ouverte sur le baccalauréat a produit l'une des consultations les plus intéressantes, la plus intéressante peut-être, que le corps enseignant ait fournie depuis que l'usage a été établi de provoquer directement son témoignage et de recueillir ses vues. Trois cent six établissements (facultés ou écoles supérieures, lycées ou collèges) ont répondu à l'appel qui leur avait été adressé. La plupart des délibérations sont précédées de rapports d'une ampleur remarquable; toutes aboutissent à des propositions motivées, et les débats dans certains collèges ne le cèdent en rien à ceux des plus grandes assemblées pour l'intelligence exacte des besoins de l'éducation nationale. Partout la discussion a été préparée avec soin, suivie avec zèle et vraiment libérale. Plus d'un procès-verbal contient l'un à côté de l'autre un projet et un contre-projet. Pour être respectées, les minorités n'ont eu qu'à se défendre. Quel que soit le jugement que l'on porte sur les résolutions prises, on n'en saurait méconnaître la portée; on se sent en présence d'un ensemble d'opinions mûries par la réflexion, éclairées par la controverse, indépendantes et sincères (1).

La première question qui se posait naturellement était celle qui touche au principe même du baccalauréat. Y a-t-il lieu, soit de substituer au diplôme délivré par les facultés un certificat de maturité accordé, comme il est d'usage dans presque tous les pays étrangers, par les professeurs de l'établissement siégeant sous la présidence d'un représentant de l'État, soit de remplacer l'examen uniforme par un examen de carrière, c'est-à-dire de laisser aux facultés elles-mêmes, aux grandes écoles, aux administra-

(1) *Enquêtes et documents relatifs à l'enseignement supérieur*, t. XVIII, Baccalauréat.

tions intéressées le soin de vérifier à leur convenance, par des moyens à elles propres, si les jeunes gens possèdent les connaissances particulières et les aptitudes spéciales nécessaires pour assurer l'efficacité de leur enseignement ou les besoins de leur service?

Ces propositions écartées et le principe du baccalauréat maintenu, convient-il d'introduire dans les formes de l'examen, au profit du candidat, des garanties nouvelles? Et où faut-il les chercher : dans les conditions préalables de l'épreuve, dans la procédure de l'épreuve, dans l'épreuve elle-même?

D'autre part n'y a-t-il pas quelque changement à apporter dans l'économie générale des examens? Par exemple, ne serait-il pas plus conforme aux nouveaux programmes de réduire les deux diplômes à un seul, représentant les études littéraires et les études scientifiques dans la proportion où ces programmes ont déterminé leur part respective? Si la distinction entre les diplômes doit subsister, y a-t-il utilité pour le baccalauréat ès lettres à conserver les deux séries d'épreuves subies à une année d'intervalle, suivant la règle appliquée depuis 1874, ou serait-il préférable de revenir à l'unité d'examen qui a été l'usage pendant plus de soixante ans? Dans les sciences, le baccalauréat restreint doit-il être supprimé, ainsi que le vœu en a déjà été maintes fois émis, le baccalauréat complet rester l'examen unique, soit qu'il comprenne deux séries d'épreuves scindées comme pour les lettres, soit qu'il continue de ne donner lieu qu'à une seule épreuve? L'intérêt des études médicales ne réclame-t-il pas la création d'un baccalauréat ès sciences physiques et naturelles, celui des sciences mathématiques la création d'un baccalauréat de mathématiques supérieures? Que faut-il penser de la combinaison qui aurait pour objet d'établir un examen à base commune, ultérieurement complété par des examens spéciaux, scientifiques ou littéraires?

Graves sujets que dominait un sujet plus grave encore et qui, pour n'être pas expressément marqué dans le questionnaire de l'enquête, ne pouvait manquer de devenir la fin dernière des réflexions qu'elle suggérait. L'usage presque universellement adopté d'accepter ou d'imposer le diplôme de bachelier comme la garantie exclusive des études secondaires est-il justifié par l'intérêt public? Le baccalauréat est-il une caution suffisamment sincère? Parmi ceux qui y prétendent, combien en est-il qui l'obtiennent, combien pour qui il représente une valeur de fonds? Donne-t-il satisfaction aux justes exigences de l'enseignement supérieur? Répond-il aux besoins complexes de la société moderne? L'importance sociale qu'il a prise ne tourne-t-elle pas au détriment des études mêmes, qu'il élève trop pour les uns, qu'il abaisse trop pour les autres, qu'il risque de fausser pour tous, qu'il ramène tout au moins à une sorte d'unité factice aussi trompeuse pour l'éducation des individus que préjudiciable au développement du patrimoine intellectuel commun?

De ces divers ordres d'idées, c'est le premier, celui qui a trait au principe du baccalauréat, qui tient le plus de place dans les délibérations de l'enquête. La discussion des formes et des degrés que l'examen comporte a donné lieu aussi à un certain nombre d'importantes résolutions. Quant aux abus qui ont fait du baccalauréat le souverain régulateur des études, la préoccupation en perce partout; et incidemment, dans les rapports le plus fortement empreints de l'esprit de sagesse, des propositions sont introduites, propositions d'autant plus notables qu'elles ont été arrachées en quelque sorte à ceux qui les font par l'évidence du malaise où nous nous débattons.

On ne saurait apporter trop de circonspection à une telle réforme : le baccalauréat est la clef de voûte de notre système d'instruction secondaire. Mais ne doit-on pas au moins essayer d'améliorer ce qu'il serait quant à présent impossible de changer?

I.

LES RÉSULTATS DE L'ENQUÊTE.

Il convient d'abord d'établir les résultats de l'enquête : ce que nous voudrions faire simplement en rapprochant les unes des autres sur chaque point ou en les opposant, lorsqu'il y a lieu, les conclusions des différentes assemblées.

La nécessité d'un examen terminal. — Qu'un examen terminal soit nécessaire, c'est ce qu'avec raison on n'a pas cru utile de discuter longuement. L'usage vient d'en être appliqué à l'école primaire; le moment serait mal choisi pour en détruire la tradition dans les établissements d'éducation secondaire. Des études sans contrôle courraient grand risque d'être des études sans valeur [1]. Il n'est pas de pays, sauf la Belgique et l'Amérique, où cette sanction n'existe. L'Amérique n'a point à se féliciter de ne l'avoir point créée [2], ni la Belgique de s'en être privée [3]. L'examen terminal est un stimulant nécessaire; il oblige à l'effort; en même temps il permet de suivre la marche générale de l'enseignement; c'est le

[1] *Enquête,* faculté de droit de Douai, p. 460; — de droit de Lyon, p. 390; — de droit de Nancy, p. 514. — Lycée Louis-le-Grand, p. 693.

Un seul établissement, un collège, propose de supprimer tout examen final et de délivrer simplement aux élèves, à leur sortie, un certificat de présence. — Le lycée de Montpellier est d'avis de délivrer sans examen un certificat d'études auquel ne serait attaché aucun avantage. Voir plus bas, p. 202.

[2] Voir La Boulaye, *Rapport sur la loi relative à la liberté de l'enseignement supérieur.*

[3] Loi du 20 mai 1876. — Cette loi a supprimé l'examen de gradué ès lettres qui, supprimé une première fois en 1854, avait été rétabli en 1861, pour l'admission aux universités. Voir sur le principe de cette loi les observations de M. Émile Flourens (*Société pour l'étude des questions d'enseignement supérieur,* année 1878, p. 342 et 343), et sur les effets qu'elle a produits, la publication de M. Paul Thomas, professeur à l'université de Gand (*Revue internationale de l'enseignement,* année 1881, p. 119).

Si la faculté mixte de médecine et de pharmacie de Lyon recommande les examens d'entrée, c'est dans la pensée, non de supprimer les examens d'instruction générale, mais de faire de ces examens d'entrée des moyens de sélection spéciale. (*Enquête,* p. 412.) Tel est également le sens de la délibération de la faculté des sciences et de la faculté des lettres de Lyon, p. 414 et 415; — de l'école supérieure de pharmacie de Montpellier, p. 482.

moyen d'information le plus sûr, pour peu qu'il soit judicieusement appliqué. Mais où se fera ce contrôle et qui aura la direction de l'examen ?

L'examen de carrière. — L'examen de carrière remplaçant l'examen du baccalauréat n'a, à quelques exceptions près[1], rencontré que des adversaires.

Si l'examen porte sur les mêmes matières que le baccalauréat et si la réforme n'implique qu'un changement de juge, quel autre effet pourrait-elle avoir que de remplacer un jury compétent par un jury qui le serait moins? Est-il une administration qui fût assurée de trouver, même dans les éléments distingués dont elle dispose, les ressources d'instruction toutes prêtes pour constituer un tel tribunal? Les facultés elles-mêmes, les facultés professionnelles, celles de droit et de médecine, déclarent qu'elles ne se croiraient pas suffisamment autorisées à passer cette revue des connaissances classiques, scientifiques et littéraires[2]. Et puis n'y a-t-il pas un certain nombre de jeunes gens qui ne prétendent ni aux emplois administratifs, ni aux grandes écoles, ni aux études supérieures? Ils devraient donc renoncer au bénéfice de toute sanction? Pense-t-on enfin à ces candidats, toujours assez nombreux, qui, ayant régulièrement terminé leurs classes à dix-sept ou dix-huit ans, ne peuvent, par suite de diverses circonstances, entrer en carrière ou aborder les facultés qu'à vingt-cinq ans?

Si c'est aux matières de l'examen que s'applique le changement (et le système, pris sérieusement, ne peut guère avoir d'autre sens), quelle sera la règle? Donner aux études secondaires un contrôle aussi multiple que peuvent l'être les besoins apparents ou réels de la société, n'est-ce pas les livrer à l'arbitraire des visées les moins élevées, des intérêts les moins légitimes, des caprices de l'opinion, des passions du jour? Sans vouloir invoquer aucune

[1] *Enquête*, faculté des sciences de Clermont : proposition du doyen non appuyée; la proposition maintenait d'ailleurs le diplôme de bachelier comme condition d'entrée dans les carrières dépendant de l'enseignement supérieur. = Lycée d'Alger, p. 895; — de Limoges, p. 792. = Collège d'Aurillac, p. 193.

[2] *Enquête*, faculté de droit de Douai, p. 262; — de droit de Nancy, p. 515 et 516; — de médecine de Nancy, p. 527; — de droit de Paris, p. 594; — de médecine de Paris, p. 629; — de droit de Poitiers, p. 781; — des sciences de Poitiers, p. 785.

comparaison exagérée ou malséante, qui ne sait quels éléments de trouble apporte dans l'harmonie de nos classes ce qu'on appelle la préparation aux écoles, depuis que les écoles imposent à l'Université les programmes d'enseignement que raisonnablement elles devraient en recevoir ou du moins concerter avec elle? Que serait-ce lorsque ce privilège combattu serait devenu le droit incontesté de tout le monde[1]? Les établissements d'enseignement secondaire, cédant à la fatalité des lois économiques et se réglant sur la demande, cesseraient bientôt d'être des écoles de culture générale pour devenir des ateliers de préparation technique. L'industrialisme y trouverait peut-être un moyen de fortune. Ce serait assurément la ruine des études. Les administrations ne tarderaient pas à reconnaître elles-mêmes les périls d'un recrutement fait sans autre garantie que celle des exigences de métier. Mais l'épreuve, si peu de temps qu'elle durât, suffirait pour provoquer l'abaissement intellectuel du pays et semer des germes de désorganisation sociale. Dans cette Babel d'examens ajustés aux besoins des moindres carrières, que deviendrait la communauté des idées générales, puisées aux larges sources, qui fait la cohésion morale et l'unité patriotique d'une nation[2]?

L'examen à matières facultatives.— C'est à un désarroi moins grave, mais de même nature, qu'aboutirait le système de l'examen à matières facultatives.

S'agit-il, en effet, de laisser le choix de certaines connaissances spéciales (la connaissance de l'hébreu, par exemple, comme il en a été question autrefois) à ajouter au programme général du baccalauréat? Mais comment admettre qu'il soit bon d'attirer au superflu des jeunes gens qui ont tant de peine à suffire au nécessaire? Il y a temps pour tout dans les études, même pour le luxe; mais ce n'est pas par le luxe qu'il est sage de commencer. — Faut-il entendre, ainsi que cela est plus vraisemblable, que les jeunes gens pourraient à l'examen exercer un droit d'option sur les matières du programme commun? Le principe des matières facultatives a pu être introduit heureusement (bien que certains esprits en contestent les avantages) dans les examens de la li-

[1] *Enquête*, lycée Condorcet, p. 662.
[2] *Enquête*, recteur de Dijon, p. 235 et 236.

cence ès lettres, parce que le candidat a fourni préalablement les garanties d'instruction générale indispensables; à plus forte raison la spécialité doit-elle être la règle dans toute la hiérarchie des examens supérieurs : le progrès de la science est à ce prix. Mais au baccalauréat, dans cette première épreuve qui est la base de toutes les autres, quelles seront les matières facultatives? Nous aurions donc un baccalauréat d'histoire, un baccalauréat de langues vivantes, etc.[1]? L'idée fût-elle acceptable, comment pourrait-elle être appliquée[1]? Sont-ce les familles, sont-ce les enfants prenant pour le signe de la vocation la voix secrète de la fantaisie ou de la paresse, à qui il appartiendrait de rayer du programme telle ou telle étude : les uns les mathématiques, les autres la littérature, ceux-ci la chimie, ceux-là le grec? Et dans quelles conditions ce libre choix se ferait-il? Au commencement des classes, au milieu, à la fin? Après avoir essayé de tout? Avant d'avoir essayé de rien? Avec la possibilité de revenir sur une première décision et d'en changer tous les ans? Se figure-t-on un professeur en présence de ces désœuvrés par système, de ces indifférents de parti pris, forts de leur droit? A moins que chaque matière n'eût son maître particulier, sa classe spéciale? On ne voit guère le moyen d'organiser une telle anarchie. Il n'y a pas d'établissement, public ou libre, qui pût y résister.

L'examen intérieur. — L'examen intérieur méritait et a trouvé une discussion plus sérieuse.

C'est, on le sait, le système qui est pratiqué en Allemagne, en Italie, en Angleterre, en Suisse, en Russie. Il y a trois ans, la Prusse en a renouvelé la réglementation dans un statut qui peut être considéré comme le type du genre[2]. Pour se faire une juste idée de l'institution, il est nécessaire de le bien connaître.

[1] Le lycée d'Alençon, *Enquête*, p. 141, et quatre collèges (Hesdin, p. 319, la Fère, p. 323, Châteaudun, p. 753, et Oran, p. 901) semblent admettre l'examen à matières facultatives; mais c'est en lui donnant pour base commune un examen comprenant obligatoirement tous les éléments des connaissances générales nécessaires. L'interprétation donnée aux matières facultatives par le doyen de la faculté de médecine de Nancy, qui en parle aussi avec faveur, p. 526, rentre dans le même sens. — Voir également la faculté des lettres de Bordeaux, p. 99.

[2] Voir *Centralblatt für die Unterrichtsverwaltung*, 1882, p. 365-381. — Cf. *Sandler Lexikon der Pädagogik*, *art. Entlassungsprüfung*, p. 91 et 92.

Le statut du 27 mai 1882 en Prusse. — Le principe sur lequel repose le statut du 27 mai 1882 est que l'enseignement secondaire ne saurait avoir de meilleur juge que lui-même, ni les élèves d'arbitres plus éclairés que leurs maîtres, sauf le contrôle que les pouvoirs publics ont le droit et le devoir d'exercer.

En entrant au gymnase, l'enfant se remet sans réserve à la direction de ceux à qui il est confié. Ce sont eux qui chaque année décident souverainement s'il abordera un degré d'études supérieur; et au fur et à mesure qu'il s'élève dans la hiérarchie des classes, l'exercice de cette autorité devient plus rigoureux. — Nul ne peut subir l'examen de maturité, s'il n'a fait la *prima* et l'*ober-prima*, c'est-à-dire les deux classes qui répondent à nos classes de rhétorique et de philosophie[1]; et comme on n'entre pas en *sexta* avant dix ans, que la *secunda* et la *tertia* sont, ainsi que la *prima*, généralement dédoublées, il en résulte que d'ordinaire on n'arrive guère en *ober-prima* avant dix-huit ans. L'élève vient-il à quitter le gymnase en cours d'études, le directeur marque sur son certificat de sortie en quelle année il aurait rempli les conditions pour subir l'examen, s'il avait régulièrement poursuivi sa scolarité, et le semestre pendant lequel le changement s'opère ne lui est compté qu'autant que ce changement n'a pas de cause fâcheuse[2]. — Nul ne peut se faire inscrire qu'après avoir prévenu par écrit le directeur trois mois avant l'expiration du semestre à la fin duquel l'examen doit avoir lieu. Tous les dossiers contiennent les notes annuelles de l'élève et l'indication de la carrière à laquelle il se destine[3]. Ils sont examinés dans une conférence à laquelle sont

(1) Statut, v, 1. «L'admission d'un élève à l'examen de sortie ne peut avoir lieu régulièrement avant le quatrième semestre des deux années qu'il doit passer dans la première classe. L'admission dans le deuxième semestre peut être exceptionnellement autorisée par le conseil provincial, sur la proposition des maîtres appartenant à la commission d'examen; mais cette proposition doit être faite à l'unanimité et elle ne peut être faite qu'autant que l'élève appartient à l'*ober-prima*.»

(2) Statut, v, 2. «Quand un élève de la *prima* a été renvoyé d'un gymnase par mesure disciplinaire, qu'il l'a quitté pour se soustraire à une punition ou sans motif suffisant, le semestre au cours duquel il est entré dans un autre gymnase ne doit pas lui être compté. Il appartient au conseil provincial de décider, sur le rapport du directeur ou des directeurs et des maîtres siégeant dans la commission d'examen, si le changement est suffisamment justifié; et au cas où les parents ou leurs représentants le demandent, cette décision est prise aussitôt après l'entrée de l'élève dans le nouveau gymnase.» (Statut, XVII, 4.)

(3) Statut, v, 5 et 7.

conviés les maîtres qui font partie de la commission d'examen; et la commission, sur le vu des notes, décide si le candidat peut être autorisé à se présenter. Lorsque le jugement est défavorable, la famille est avisée. Au cas où elle insiste, il en est référé au conseil provincial, qui statue. — Nul enfin ne peut se présenter plus de trois fois, qu'il continue ou non à suivre les cours d'un gymnase: ce qui empêche que les familles passent outre aux observations qui leur sont faites et laissent les jeunes gens courir trop aisément les chances de l'épreuve [1].

L'examen se divise en deux parties : examen écrit, examen oral. L'examen écrit comprend : une dissertation allemande, une dissertation latine, un thème latin, une version grecque, une composition de mathématiques [2]; l'examen oral : des explications d'auteurs grecs, latins et français, des interrogations d'histoire et de géographie, et des questions de mathématiques (éléments de l'algèbre, de la géométrie ou de la trigonométrie rectiligne) [3].

[1] Statut, XVI, 1. On ne peut même se présenter que deux fois, lorsqu'on fait déjà partie de l'Université, XVII, 3.

[2] Statut, VI, 2. «L'épreuve écrite de mathématiques doit comprendre quatre questions : une de géométrie plane, une de géométrie dans l'espace, une de trigonométrie et une d'algèbre. On recommande de choisir l'une des questions de mathématiques de telle sorte que les élèves aient l'occasion de se servir de leur connaissance des lois de la physique.»

[3] «Pour obtenir le brevet de maturité, l'élève doit satisfaire aux exigences suivantes qui indiquent la mesure à observer dans le jugement des compositions écrites et des réponses à l'examen oral... Pour la langue allemande, l'élève doit être en état de bien saisir un sujet compris dans sa sphère d'idées et de le développer suivant son appréciation personnelle avec logique et dans une langue courante. Il doit aussi montrer qu'il peut, dans sa langue maternelle, exposer ses idées avec facilité, certitude, clarté et suite. De plus, il doit être familiarisé avec les principales époques de la littérature allemande et avec quelques ouvrages classiques de cette littérature. — En latin, l'élève doit comprendre et traduire à peu près sans aide les discours et les traités philosophiques de Cicéron, les œuvres de Salluste et de Tite-Live, l'*Énéide* de Virgile, les *Odes* et les *Épîtres* d'Horace et avoir une connaissance précise des mots le plus souvent employés. Les travaux écrits ne doivent pas contenir de fautes témoignant d'une possession trop imparfaite des règles de la grammaire; ils doivent être purs de germanismes en général et montrer une certaine dextérité de style. — En grec, l'élève doit comprendre et traduire à peu près sans aide Homère, Xénophon, les discours politiques les plus faciles de Démosthène et les dialogues les plus simples de Platon; de plus, il doit témoigner de la solidité de ses connaissances quant aux formes des mots et aux points essentiels de la syntaxe. — En français, on exigera l'intelligence gram-

Le jury se compose du commissaire royal, nommé par le conseil provincial, du directeur du gymnase, des professeurs de l'*ober-*

maticale et lexicographique et la traduction courante d'œuvres en prose ou en vers ne présentant pas de difficultés particulières, en même temps qu'une connaissance de la grammaire usuelle et syntaxique suffisamment sûre pour permettre l'usage écrit de la langue. — En histoire et en géographie, l'élève devra connaître les principaux événements de l'histoire universelle, particulièrement de l'histoire grecque, romaine, allemande et prussienne dans leurs rapports de cause à effet; il devra aussi avoir une idée exacte des temps et des lieux où les événements se sont produits. Il est tenu de posséder une notion suffisante des principes de la géographie mathématique, des traits essentiels de la géographie physique, des divisions politiques de la surface du globe, particulièrement de l'Europe centrale. — En mathématiques, l'élève doit montrer qu'il a des notions bien coordonnées d'arithmétique jusqu'à la formule du binôme, d'algèbre jusqu'aux équations du second degré inclusivement, de géométrie plane et dans l'espace, de trigonométrie rectiligne et qu'il a acquis une pratique suffisante de ces connaissances appliquées à la solution des questions simples. — En physique, l'élève doit avoir une idée nette des lois de l'équilibre et du mouvement et des principales théories de la chaleur, du magnétisme, de l'électricité, de l'acoustique et de l'optique. — En hébreu, on demande la lecture courante, la connaissance des formes des mots, la traduction des passages les plus faciles de l'Ancien Testament, à peu près sans aide. — En polonais, l'élève doit pouvoir traduire correctement et dans un style qui ne soit pas trop gauche un texte allemand dicté d'un sens facile. (Statut, III, 2 à 10.) L'hébreu et le polonais sont facultatifs. (Statut, VI, 2.) — Ces indications générales sont complétées par les prescriptions de détail suivantes : Pour la version grecque on choisira un passage sans difficultés particulières, mais non traduit en classe, d'un auteur expliqué en *prima*. (Statut, VII, 2.) — Il est accordé cinq heures pour chacune des deux dissertations et pour la composition de mathématiques. En cas de nécessité il peut être accordé une demi-heure de plus pour les dissertations. Il est accordé trois heures pour la version grecque, deux heures pour le thème latin, deux heures pour le thème polonais et la version hébraïque, non compris le temps de la dictée. Aucun repos n'est accordé pendant le temps des compositions, sauf en mathématiques, où les cinq heures sont coupées en deux séances séparées par un intervalle de détente : dans ce cas on donne deux questions par séance et les copies sont relevées à la fin de chacune d'elles. — Les seuls secours autorisés sont : pour la dissertation latine un dictionnaire latin-allemand, pour la version grecque un dictionnaire grec-allemand, pour la version hébraïque un dictionnaire hébreu, pour les mathématiques une table de logarithmes. — Les élèves doivent remettre, en même temps que la copie, le brouillon de leur travail, complet ou incomplet. (Statut, VIII, 2 à 5.) — Le commissaire royal indique l'ordre dans lequel se succèdent les interrogations et le temps qui est accordé à chaque matière. Il est autorisé à abréger la durée de l'épreuve pour certains élèves et dans certaines facultés. — Pour le latin et le grec on propose aux élèves la traduction de passages choisis dans les écrivains expliqués en *prima*. C'est au commissaire royal qu'il appartient de décider dans quelle mesure les poètes et les prosateurs doivent être employés. Il est

prima et d'un membre du conseil de surveillance de l'établissement [1]. Les délibérations sont secrètes [2]. L'examen n'est pas public; mais tout le personnel enseignant du gymnase est tenu d'assister aux épreuves orales [3].

Les sujets de compositions écrites sont choisis par le professeur compétent. Il doit en proposer trois. Le directeur, après les avoir examinés, les soumet avec son avis au commissaire du Gouvernement, qui fait le choix définitif, en indiquant lui-même, s'il le juge à propos, un autre sujet. Le texte arrêté, il le renvoie sous pli cacheté. Le directeur a le devoir de veiller à ce qu'aucune indiscrétion ne soit commise. Il lui appartient aussi de faire en sorte que les sujets donnés n'aient pas de rapport trop direct avec les exercices de l'année. Tous les candidats appelés à subir l'examen devant la même commission font la même composition le même jour [4].

C'est le professeur de la classe qui corrige les copies. Quand chacun des membres de la commission en a pris connaissance [5], elles sont remises au commissaire du Gouvernement avec un dos-

autorisé également à indiquer les morceaux d'explication. Quand il s'agit de prosateurs, le morceau ne doit pas avoir été expliqué en classe; pour les poètes on doit choisir, en général, des passages expliqués en classe, mais antérieurement au dernier semestre. Par des questions appropriées, au cours de l'explication on donnera aux élèves l'occasion de montrer la sûreté de leurs notions grammaticales, de leur connaissance des points essentiels de la métrique, de la mythologie et des institutions de l'antiquité. Pendant l'explication latine on leur donnera aussi l'occasion de prouver une certaine pratique de la langue latine. On joindra également à l'explication de l'auteur français choisi dans les mêmes conditions des questions sur la grammaire et la synonymie. — L'examen de mathématiques ne doit pas être limité au programme de la *prima*. La physique ne forme pas une matière particulière de l'examen, mais il est recommandé de joindre des questions de physique aux questions de mathématiques. (Statut, XI, 2, 6, 7, 9.) — L'épreuve doit être considérée comme subie avec succès, quand le jugement général fondé sur les résultats de l'examen et sur les notes de l'élève pendant ses dernières années de scolarité ne contient la note «insuffisante» pour aucune des matières obligatoires. Il n'est pas permis de déroger à ce principe en considération de la carrière choisie par l'élève. (Statut, XII, 3.)»

(1) Statut, IV, 1 à 3.

(2) Statut, IV, 4.

(3) Statut, X, 1.

(4) Statut, VII, 1 à 8.

(5) Statut, IX, 1 et 2.

sier où sont rassemblés les devoirs faits et les notes trimestrielles méritées par l'élève pendant les deux dernières années d'étude[1]. Si un candidat dont l'admission à l'examen avait paru douteuse n'a fourni que des compositions « insuffisantes », il est éliminé. Il n'y a pas d'élimination pour ceux dont le dossier est bon. Ceux qui ont un bon dossier et dont les compositions sont satisfaisantes peuvent être, si le bureau en tombe unanimement d'accord, dispensés de l'examen oral[2]. Ce sont également les professeurs qui interrogent. Le commissaire du Gouvernement intervient pour choisir les textes d'explication. Il peut aussi prendre part à l'interrogation; s'il lui arrive de dépasser les limites du programme, on a le droit de l'y ramener[3].

Le jugement définitif est prononcé après une délibération générale où il est tenu compte et de l'examen et du dossier. Chaque membre de la commission a un suffrage. En cas de partage, la voix du commissaire royal est prépondérante. Il a de plus le droit, si le jugement lui paraît mal fondé, de mettre son veto, et, dans ce cas, il renvoie le dossier complet, avec la justification de son opposition, à l'autorité supérieure, qui prononce[4].

Les candidats qui ont échoué ne peuvent se représenter, sauf le cas de dispense, que devant les mêmes juges; et lorsque le jury a reconnu que l'aspirant, même après une préparation nouvelle, n'a point de chances sérieuses, le règlement lui fait un devoir de l'en avertir. Ceux qui quittent le gymnase sans avoir subi l'examen avec succès reçoivent un certificat constatant dans quelles conditions ils sont sortis[5]. Quant aux autres, le dernier jour de l'année, en présence de tous leurs camarades, le brevet leur est remis et leur nom est inscrit dans le programme ou palmarès que publie tous les ans le gymnase, avec l'indication des études auxquelles chacun d'eux a l'intention de se vouer[6]. Mention est faite sur le diplôme des notes obtenues dans chaque matière obligatoire, ainsi que des matières

[1] Statut, IX, 3.
[2] Statut, X, 2, 3 et 4.
[3] Statut, XI.
[4] Statut, XVI, 1.
[5] Statut, XII.
[6] Statut, XIV.

pour lesquelles l'élève a subi, sur sa demande, un examen plus approfondi [1].

Le règlement prévoit le cas des élèves qui sont élevés, soit dans la famille, soit dans des établissements particuliers [2]. Le dossier de ces candidats libres, des *extranei* ou des sauvages, comme les écoliers les appellent, doit comprendre une autobiographie scolaire appuyée du témoignage des parents ou des maîtres. L'établissement où ils ont à se rendre leur est indiqué; ils ne subissent pas les épreuves en même temps ni sur les mêmes sujets que les élèves du gymnase. La commission, qui est moins éclairée par avance sur leur valeur, peut les pousser davantage, si elle le croit nécessaire : en aucun cas ils ne doivent être dispensés de l'examen oral. Après l'examen écrit, s'ils n'ont point passé par une *ober-prima* de gymnase, ils ont à traduire un morceau d'allemand en grec et un morceau d'allemand en français, afin de prouver qu'ils possèdent l'essentiel de ces deux langues. Il est recommandé d'ailleurs de ne point oublier qu'ils ont le désavantage de ne pas être interrogés par leurs professeurs ordinaires et il n'est pas permis de les éliminer après les compositions écrites. Toutes ces conditions sont absolument acceptées par l'opinion. Il n'est guère d'établissement, non autorisé à faire subir lui-même les examens [3], qui ne soit prêt à envoyer ses candidats dans le gymnase où le commissaire royal tient ses assises.

[1] Statut, VI, 2. — Cf. XII, 3. L'examen de sortie est ainsi défini : « L'examen de sortie sert à reconnaître si l'élève a atteint le degré d'instruction que le gymnase se propose d'atteindre. » (Statut, I, 1.) — Quiconque a subi avec succès l'examen reçoit un brevet de maturité contenant une appréciation sur la conduite, l'application et le zèle ainsi que l'indication pour chaque matière de l'enseignement de la mesure dans laquelle il a satisfait en classe et à l'examen aux exigences du programme. (Statut, XIV, 1.) Le jugement général porté sur chaque matière doit être résumé dans l'une des quatre mentions : *très bien; bien, suffisant, insuffisant*. Pour la physique, le diplôme doit reproduire la note obtenue par l'élève en raison de son travail de classe; pour le grec et le français, la note donnée à l'occasion du devoir improvisé qui a justifié le passage en *prima*. (Statut, XIV, 1 à 3.)

[2] Statut, XVII.

[3] Statut, I, 2. — « L'Allemagne aussi possède, quoique en moins grand nombre, des maisons d'instruction secondaire dirigées par des ecclésiastiques. Les plus importantes d'entre ces maisons sont placées dans les mêmes conditions que celles des gymnases de l'État; elles reçoivent deux fois par an la visite du commissaire du Gouvernement et elles délivrent sous son contrôle le certificat de maturité. Non seulement elles trouvent naturelle et légitime la surveillance de l'État, mais

La session close, les dossiers sont expédiés au conseil provincial, dont la fonction est d'assurer le niveau général des études. Le conseil, après examen, renvoie les pièces avec ses remarques au directeur du gymnase, par l'intermédiaire du commissaire royal, qui, comme le directeur, a le droit de répondre. Une expédition de ces observations contradictoires est adressée au Ministère, qui en tient tel compte que de droit. Enfin, pour mieux assurer son contrôle, le conseil peut, lorsqu'il le juge utile, au cours de l'année scolaire, envoyer dans tous les gymnases de la province des sujets qu'il fait traiter le même jour, dans des conditions égales, et dont il se réserve l'appréciation [1].

L'opinion de V. Cousin. — En 1834, Victor Cousin avait été frappé de cette organisation, bien qu'elle ne fût pas encore arrivée à l'espèce de perfection avec laquelle elle est appliquée aujourd'hui [2]. La sélection qui en est la base, la nécessité de franchir régulièrement les degrés des diverses classes, des dernières surtout, couronnement nécessaire et consécration des autres, le jugement préparatoire à l'examen, tout cet ensemble de mesures prémonitoires et préventives qui tient en éveil maîtres, parents, enfants, et qui laisse le jugement des efforts à ceux qui en ont été les témoins et les guides, lui paraissait constituer de sérieuses garanties pour la bonne tenue des études. Il admirait surtout la part respectivement faite dans le contrôle définitif à l'enseignement secondaire et à l'enseignement supérieur. «Ce sont des praticiens de gymnase, disait-il, qui sont chargés des détails de l'examen; ce sont des

elles recherchent, elles appellent la venue du commissaire royal, et elles l'invitent à étendre son inspection à toutes les classes. Les Jésuites seuls en Autriche se sont toujours opposés à l'entrée d'un fonctionnaire étranger.» (Michel Bréal, *Excursions pédagogiques*, p. 95 et 96.)

(1) Les règles suivies en Italie pour la collation du diplôme de maîtrise ès arts sont les mêmes. Un professeur du lycée d'Avignon, M. Maillet, les a résumées en ces termes : «L'examen se passe à l'intérieur du lycée, sous la surveillance d'un délégué du ministère. Les sujets de composition sont identiques pour tous les lycées. En cas de conflit, il y a appel de la décision du jury à un conseil collégial. Il est d'ailleurs tenu compte des examens de passage et du travail antérieur de l'élève, qui ne peut se présenter devant la commission d'examen sans un *admittatur* délivré par le chef de l'établissement auquel il appartient. Les élèves des séminaires viennent subir au lycée leurs examens.» (*Enquête*, lycée d'Avignon, p. 15.)

(2) Le ministre Altenstein, après trois ans d'étude, venait d'édicter le règlement du 4 juin 1834, celui-là même qui a été abrogé par le statut du 27 mai 1882.

savants de l'Université qui le revisent et forment une sorte de tribunal d'en haut qui ne prend aucune décision, car les commissions de gymnase sont cours souveraines, mais qui surveille et éclaire les commissions et le Gouvernement. Institution excellente, qui prévient la routine et la négligence, lie le gymnase aux universités, répand l'harmonie et la vie dans toutes les parties de l'instruction publique[1]. »

Les adhésions. — Ni dans les facultés ni dans les lycées ces avantages ne paraissent avoir touché les esprits. Dans un certain nombre d'établissements on les a discutés[2], en leur rendant hommage[3], mais sans s'y rallier; dans quelques autres on a proposé d'essayer le système en commençant par l'appliquer aux grands lycées[4]. Mais quatorze établissements seulement ont été franchement d'avis de l'adopter: la faculté de théologie protestante de Paris, qui en a établi magistralement l'esprit et suivi dans le détail toutes les applications[5]; la faculté de théologie protestante de Montauban[6]; les écoles préparatoires de médecine et

[1] *Mémoire sur l'instruction secondaire dans le royaume de Prusse*, par Victor Cousin, directeur de l'École normale. Paris, 1834. — Cf. *Rapport sur l'état de l'instruction publique dans quelques pays de l'Allemagne et particulièrement en Prusse*, 1831.

[2] *Enquête*, faculté des sciences de Bordeaux, p. 92; — des lettres de Bordeaux, p. 94; — des lettres de Poitiers, p. 788. — Lycée d'Agen, p. 100; — Alençon, p. 138; — Montluçon, p. 185; — le Puy, p. 187; — Nancy, p. 526; — Reims, p. 746; — Châteauroux, p. 790; — Niort, p. 798; — Lorient, p. 831; — Montauban, p. 873; — Rodez, p. 875. — Collège de Dieppe, p. 163; — Auxerre, p. 229; — Saint-Pol, p. 332; — Nantua, p. 439; — Épinal, p. 544; — Lunéville, p. 554; — Châteaudun, p. 752; — Provins, p. 767; — Meaux, p. 777. — Chinon, p. 806; — Saint-Jean-d'Angely, p. 814.

[3] *Enquête*, faculté des lettres de Besançon, p. 48; — des lettres de Clermont, p. 179; — de droit de Grenoble, p. 351; — de droit de Montpellier, p. 448; — des lettres de Montpellier, p. 463, 476; — des sciences de Poitiers, p. 782. — École de droit d'Alger, p. 889. — Lycée d'Avignon, p. 15; — Nice, p. 25; — Belfort, p. 51; — Chaumont, p. 215; — Carcassonne, p. 499; — Charlemagne, p. 653; — Louis-le-Grand, p. 691, 694; — Rodez, p. 875. — Collège de Saintes, p. 813. — Recteur de Grenoble, p. 385.

[4] *Enquête*, faculté des sciences de Lyon, p. 414; — des lettres de Lyon, p. 415. — Collège de Saint-Flour, p. 196; — Provins, p. 767. — Recteur de Clermont, p. 201; — de Nancy, p. 568.

[5] *Enquête*, p. 571. — M. Bossert, inspecteur de l'académie de Paris, partage de tout point l'avis de la faculté de théologie protestante de Paris.

[6] *Enquête*, p. 856.

de pharmacie d'Amiens[1] et de Grenoble[2]; parmi les lycées, Aix[3] et Besançon[4]; parmi les collèges, Arles[5], Pontarlier[6]; Villeneuve-sur-Lot[7], Lisieux[8], Brives[9], Saint-Flour[10], Barbezieux[11], Châtellerault[12]. Enfin, des dix-sept conseils académiques, un seul, celui de Paris, a émis un vote de principe favorable, mais après avoir déclaré préalablement que la réforme n'était pas, quant à présent, réalisable.

Les objections. — Les revendications des facultés. — Quelles sont donc les objections? Ce n'est ni la netteté ni l'autorité qui leur fait défaut.

Il y a peu de temps encore qu'on calculait le nombre de mois, de semaines et de jours que les professeurs de faculté étaient obligés de soustraire, soit à leur enseignement, soit à leurs travaux personnels, pour les donner aux examens du baccalauréat[13]; on se plaignait du temps que prenait cette besogne, des forces qu'elle

(1) *Enquête*, p. 286.

(2) *Enquête*, p. 374.

(3) *Enquête*, p. 14.

(4) *Enquête*, p. 33. — Châteauroux, p. 790, admet le baccalauréat intérieur, mais avec un jury ainsi composé : président, un professeur de l'enseignement supérieur; deux professeurs de lycée ou collège; deux professeurs de l'enseignement secondaire empruntés à un autre établissement. — C'est également le système de Niort, p. 798, de Chinon, p. 806, et de Saint-Jean-d'Angely, p. 814.

(5) *Enquête*, p. 33.

(6) *Enquête*, p. 67.

(7) *Enquête*, p. 123.

(8) *Enquête*, p. 170.

(9) *Enquête*, p. 195.

(10) *Enquête*, p. 197.

(11) *Enquête*, p. 805.

(12) *Enquête*, p. 806.

(13) *Revue internationale de l'enseignement*, 1881. *Le jury du baccalauréat ès lettres*, p. 352 : « Ce sont six mille journées d'examen par an à répartir entre trois cents professeurs, soit à six jours de travail par semaine, près de dix semaines pour chacun d'eux en moyenne. » — *Société pour l'étude des questions d'enseignement secondaire*, 1880, 4 février : *Le baccalauréat* : « Le baccalauréat impose en moyenne aux professeurs de la faculté de Paris cinquante-huit jours de travail sur deux cents quatre-vingts dont se compose une année normale, si l'on retranche un mois de vacances et les dimanches : c'est presque un quart de leur vie que les membres de l'enseignement supérieur sont forcés de sacrifier à cette fatigante et stérile besogne. » — Cf. *Société d'études pour les questions d'enseignement supérieur*, 1878, p. 643; 1880, p. 139.

consumait à un travail ingrat, et l'on rappelait le mot de ce savant étranger étonné de voir qu'en Sorbonne on se fît un devoir d'employer le plus fin acier à couper des pierres de taille. Aujourd'hui les facultés, en très grande majorité, considèrent que leur action sur l'enseignement secondaire est nécessaire en raison des besoins de l'enseignement supérieur, et que, pour être efficace, cette action doit être directe et souveraine[1]; elles rappellent en outre que, si leur autorité est inattaquable et inattaquée, c'est qu'elle est indépendante et ne se règle que sur l'intérêt impersonnel et élevé des études[2]. Délivré par d'autres, le diplôme n'aurait ni la même valeur ni le même prestige : on ne peut être bon juge de l'enseignement que l'on donne et il ne serait pas sans inconvénient qu'à ce tribunal suprême des études les écoliers s'attendissent à trouver des visages familiers[3]. Dira-t-on que le jugement remis à un corps spécial a pour effet de couler tous les esprits dans le même moule? Mais cette uniformité n'est-elle pas une garantie d'équité et une condition de force? A ceux qui remarquent que la plupart des professeurs de l'enseignement supérieur n'ont point passé par l'enseignement secondaire et n'en connaissent ni l'esprit, ni les méthodes, ni la mesure, les facultés répondent que leurs propres élèves, auditeurs libres ou boursiers, leur sont une école toujours ouverte et trop souvent tristement instructive[4]. Que s'il est vrai au surplus qu'un peu d'aide ne leur serait pas inutile, les maîtres des conférences sont expressément qualifiés pour prêter ce concours nécessaire[5].

[1] *Enquête*, faculté de droit de Nancy, p. 516; — des lettres de Paris, p. 642.

[2] *Enquête*, faculté des sciences de Marseille, p. 91; — des sciences de Dijon, p. 207; — de droit de Douai, p. 264; — des lettres de Douai, p. 282; — de droit de Grenoble, p. 352; — de droit de Montpellier, p. 447; — des lettres de Montpellier, p. 464; — des sciences de Poitiers, p. 782; — des lettres de Toulouse, p. 867. == Lycée Henri IV, p. 664 : «Le jury ne connaît presque jamais les candidats et c'est sa force»; — Louis-le-Grand, p. 698; — Vanves, p. 709; == La faculté des lettres de Poitiers est la seule qui exprime formellement un avis contraire, p. 788 : «En voyant leurs professeurs devenir leurs juges, les élèves comprendraient mieux que l'examen n'est autre chose que la revision générale des matières vues au Lycée.» — Cf. Lycée de Châteauroux, p. 791.

[3] *Enquête*, faculté de droit de Paris, p. 596.

[4] *Enquête*, faculté des lettres de Nancy, p. 532.

[5] *Enquête*, faculté des sciences de Montpellier, p. 460. == Lycée de la Rochelle, p. 802. == Recteur de Bordeaux, p. 125; — de Dijon, p. 255; — de Douai, p. 341.

Quant aux professeurs de l'enseignement secondaire, si l'on se décide à les adjoindre en nombre plus ou moins considérable, de deux choses l'une : ou bien ils devront renoncer à leur chaire pour être attachés au service des examens du baccalauréat, ou bien ils n'auront place dans les jurys qu'à titre de collaborateurs de circonstance et d'auxiliaires de passage[1]. Certaines assemblées seraient portées à pousser plus loin encore cet esprit de défense : la collation des grades appartient aux facultés; c'est leur raison d'être et leur honneur[2]; les en dépouiller serait porter atteinte à leur autorité morale et violer leur droit; admettre un autre corps à partager ce droit paraîtrait un acte de défiance[3]. Mieux vaudrait encore

[1] *Enquête*, faculté des lettres de Caen, p. 137; — des lettres de Grenoble, p. 372; — des lettres de Lyon, p. 417; — des lettres de Rennes, p. 821; — de droit de Paris, p. 616.

Admettent le concours de l'enseignement secondaire à titre conditionnel les assemblées suivantes : faculté de droit d'Aix, p. 7; — des lettres d'Aix, p. 11; — des sciences de Bordeaux, p. 92; — des lettres de Bordeaux, p. 96; — des lettres de Clermont, p. 180; — des sciences de Lille, p. 281; — de droit de Nancy, p. 522; — de médecine de Nancy, p. 528; — des lettres de Nancy, p. 534; — des sciences de Paris, p. 635; — de droit de Poitiers, p. 782; — des sciences de Poitiers, p. 783; — des lettres de Rennes, p. 821; — école de médecine et de pharmacie d'Aix, p. 14; — des lettres d'Alger, p. 892. = Cf. recteur de Besançon, p. 73; — Grenoble, p. 388; — Nancy, p. 570; — Rennes, p. 854; — Alger, p. 903.

[2] «Enseigner les principes, conférer les grades universitaires, voilà la double mission sociale des professeurs de faculté.» *Enquête*, faculté de droit de Douai, p. 261. — «Sans doute, en province, les professeurs de faculté travaillent et produisent; mais les facultés de province, malgré la valeur hautement reconnue de leurs maîtres, ne passent point encore aux yeux du public pour des centres d'activité scientifique et ne jouissent point sous ce rapport de l'autorité à laquelle elles ont droit. Ce qui leur donne une autorité morale incontestée, ce qui, au jugement du plus grand nombre, et il faut compter avec l'opinion commune, les rehausse et les met hors de pair, c'est qu'elles constituent un tribunal toujours respecté devant lequel viennent se présenter les jeunes gens désireux de prouver qu'ils ont fait, dans les établissements d'enseignement secondaire, de sérieuses études générales.» Recteur de l'académie d'Aix, p. 44. — Cf. faculté des sciences de Marseille, p. 8. = Lycée Louis-le-Grand, p. 692.

[3] «L'introduction des professeurs de l'enseignement secondaire dans le jury serait un acte de défiance que la faculté repousse, une menace de conflits perpétuels qu'il vaut mieux éviter.» *Enquête*, faculté des lettres de Dijon, p. 213. — «La faculté doit être absolument maîtresse de l'examen ou ne pas s'en mêler.» *Enquête*, faculté des lettres de Lyon, p. 415. — Voir aussi : faculté des sciences de Grenoble, p. 370; — de droit de Montpellier, p. 452; — des sciences de Montpellier, p. 455; — des lettres de Montpellier, p. 477; — de droit de Toulouse,

le régime des examens de carrière, quels qu'en soient les dangers, qu'un système de conciliation bâtard. Se figure-t-on les professeurs de faculté réduits à la présidence des commissions, allant de lycée en lycée, de collège en collège, « exercer le métier de gendarmes, en somme, et de gendarmes que tout le monde s'entendra pour tromper sur un terrain préparé à l'avance, » à moins que, se faisant débonnaires, ils ne soient décidés à tout sanctionner [1] ? Et quelle serait la situation des professeurs de l'enseignement secondaire eux-mêmes? Leur rôle ne pourrait être qu'inférieur et subordonné [2]. De tels compromis ne sont acceptables pour personne. A défaut de l'intervention directe des maîtres, on parle de notes fournies sur les élèves : les facultés n'ont que faire de ces témoignages; les dossiers de composition et d'interrogation leur suffisent pour juger [3].

Les scrupules du personnel de l'enseignement secondaire. — Si l'enseignement supérieur se montre peu disposé à se laisser dessaisir, l'enseignement secondaire marque encore moins d'empressement à accepter ce qui lui est offert. Non pas qu'on ne considère comme regrettable l'espèce de séparatisme dans lequel les deux personnels tendent à s'isoler l'un à l'égard de l'autre [4]; non pas même qu'il ne semble bon en général que les professeurs de lycée participent aux opérations des jurys de baccalauréat : on insiste beaucoup au contraire sur la nécessité de les y intéresser, afin de mieux mettre l'examen au point [5]; mais c'est à la condition expresse qu'ils n'in-

p. 862; — des lettres de Toulouse, p. 868; — école préparatoire de médecine de Clermont, p. 180; — des sciences d'Alger, p. 890.

(1) *Enquête*, faculté des lettres de Douai, p. 283; — des sciences de Grenoble, p. 368.

(2) *Enquête*, faculté de droit de Montpellier, p. 452.

(3) « La faculté, voulant être maîtresse absolue de l'examen, repousse toute pression exercée sur elle par le moyen des notes officiellement communiquées sur le compte des candidats. » *Enquête*, faculté des lettres de Lyon, p. 417. — Cf. faculté des sciences de Dijon, p. 210. — Recteur de Douai, p. 341.

(4) *Enquête*, lycée Louis-le-Grand, p. 699.

(5) Ce sentiment étant l'un de ceux qui ont été le plus vivement exprimés dans l'Enquête, il est utile d'en relever la formule.

« Ces deux clauses (nécessité d'être pourvu du titre d'agrégé pour faire partie des jurys de baccalauréat, et possibilité de s'adjoindre des agrégés appartenant ou ayant appartenu à cet enseignement) ont pour objet de répondre aux plaintes qui se sont élevées dans ces derniers temps contre certains professeurs,

terrogeront pas leurs élèves et que les membres des commissions seront empruntés à un établissement, ou mieux, à un dépar-

de faculté que la nature même de leurs connaissances porte à se montrer trop exigeants sur un point spécial, ou qui n'ont pas acquis, dans des relations suffisamment prolongées avec la jeunesse, l'art de la connaître, de la guider dans le travail d'esprit qu'un examen comporte et de bien prendre sa mesure.» (Faculté des lettres de Besançon, p. 49.) — «Les objections contre le système actuel subsistent, les professeurs de faculté étant ou des savants qui n'ont eu avec l'enseignement secondaire que des relations passagères et qui peuvent oublier ce qu'est un élève moyen de nos classes, ou bien de jeunes maîtres de conférences ayant débuté dans l'enseignement supérieur après de brillantes études à Paris et à l'École normale et n'ayant jamais connu les difficultés qui arrêtent la plupart de nos élèves.» (Lycée de Coutances, p. 144.) — «Les professeurs de faculté, quoique très savants, ne sont pas tous propres à corriger les thèmes ou les versions de langues vivantes données aux examens du baccalauréat..... Beaucoup de professeurs de faculté n'ont jamais eu entre les mains d'élèves de lycées et sont impropres à les juger malgré toute leur science. Il faudrait que l'enseignement secondaire fût représenté dans le jury pour modérer le zèle scientifique des facultés; et de plus, ceux qui n'ont jamais enseigné dans les lycées devraient avoir sur le résultat final de l'examen une influence moindre que les autres. Il y a là un mal sérieux auquel il faut remédier. M. Voisin cite des exemples... M. Voigt veut que chaque fois qu'une partie de l'examen ne pourra être confiée à un professeur agrégé spécial, pris dans la faculté, on s'adresse à un professeur des lycées, agrégé dans la partie où l'élève doit être examiné. Le doctorat ne doit pas être considéré comme le signe de la compétence de l'examinateur : c'est l'agrégation qu'il faut exiger des membres du jury.» (Lycée de Lyon, p. 424.) — Les professeurs de faculté qui n'ont jamais pratiqué l'enseignement des lycées ou qui en ont oublié le vrai niveau et les limites exactes sont beaucoup moins aptes que les professeurs de l'enseignement secondaire à proportionner, comme il convient, la difficulté de l'épreuve écrite et les interrogations orales au véritable état intellectuel des candidats.» (Lycée Janson de Sailly, p. 687.) — «Aujourd'hui beaucoup de membres de l'enseignement supérieur n'ont jamais appartenu à l'enseignement secondaire ou n'ont fait que traverser cet enseignement. Ceux-là ne peuvent apporter à l'examen que leur expérience d'élèves. Cette expérience ne nous paraît pas suffisante. Ajoutons que, dans l'enseignement supérieur, la division des études, ou si l'on veut, la spécialité, est bien plus tranchée que dans l'enseignement secondaire. Par exemple, il peut arriver (en fait il arrive) qu'un professeur d'histoire naturelle ne se soit jamais occupé de mathématiques ou de physique depuis le temps où il préparait lui-même son baccalauréat. Quand un examinateur dans ces conditions examine un candidat sur une question de mathématiques ou de physique, nous nous permettons d'avoir des doutes sur sa compétence.» (Lycée Louis-le-Grand, p. 693, 694.) — «Il peut arriver que certaines épreuves confiées à des savants d'ailleurs distingués ne soient pas dirigées avec une méthode convenable.» (Lycée de Vanves, p. 710.) — «Sans contester la compétence générale des professeurs des facultés, on fait remarquer qu'un certain nombre d'entre eux n'ont pas professé dans les lycées; que quelques-uns d'entre eux n'ont même jamais appartenu à

tement voisin; en un mot, que les candidats seront des inconnus pour les juges et les juges des étrangers pour les candidats. Là

l'enseignement secondaire; que beaucoup enfin, par suite du caractère spécial de leurs travaux et de leur enseignement, n'ont pas une habitude aussi grande que les professeurs de lycée des exercices scolaires et sont moins au fait de ce qu'on est d'ailleurs en droit d'exiger des candidats.» (Lycée de Versailles, p. 717.) — «L'enseignement élevé des professeurs de faculté ne leur permet pas de se mettre tout à fait au niveau des élèves; ils ne les ont pas vus travailler sous leurs yeux et ne sauraient juger très exactement les résultats et les expériences que l'on peut attendre d'eux. De plus, il serait facile de citer des professeurs de faculté qui ne sont jamais passés par l'enseignement secondaire et qui se sont adonnés à des études spéciales.» (Lycée de Limoges, p. 796.) — «L'assemblée émet le vœu que les professeurs de faculté ne puissent faire partie des jurys d'examen que s'ils ont fait de l'enseignement secondaire.» (Lycée de Poitiers, p. 799.) — «On a quelquefois reproché aux professeurs de faculté de ne pas se mettre suffisamment à la portée des élèves qu'ils avaient à juger; pourquoi ne déciderait-on pas qu'on ne pût entrer dans les facultés qu'après avoir passé quelques années dans l'enseignement secondaire?» (Lycée de Toulouse, p. 878.) — «Il serait utile que le jury ne fût composé que de professeurs agrégés et ayant enseigné plusieurs années dans les lycées. La science est sans doute une belle chose, mais l'expérience et la pratique sont aussi nécessaires.» (Collège de Baume-les-Dames, p. 60.) — «Les professeurs de faculté ne connaissant pas, en général, les élèves de l'enseignement secondaire; l'examen devant les facultés est quelquefois porté à un niveau trop élevé pour que les candidats de force moyenne puissent y atteindre.» (Collège de Luxeuil, p. 64.) — «Les professeurs de l'enseignement supérieur placés en dehors et au-dessous de l'enseignement secondaire ont beaucoup de peine à se mettre à la portée des jeunes gens qu'ils examinent et risquent de tomber dans deux excès contraires: ou bien ils ont conscience de la distance qui sépare les deux enseignements, et cherchent à se mettre au niveau des candidats, alors leur indulgence devient excessive; ou bien ils se renferment dans le rôle des professeurs de faculté, et dans ce cas le candidat est victime d'une sévérité outrée.» (Collège de Blaye, p. 113.) — «Les professeurs de faculté ne sont plus depuis longtemps en contact quotidien avec les jeunes gens qui préparent leur baccalauréat et involontairement ils croient quelquefois s'adresser à des candidats qui subissent des épreuves d'un ordre plus élevé.» (Collège de Tulle, p. 199.) — «Les professeurs de faculté ne connaissent pas les élèves. Ils ne peuvent les juger en deux ou trois jours, après quelques heures d'examen. La plupart sont trop au-dessus des matières sur lesquelles ils interrogent. Quelques-uns sont depuis des années étrangers à ces matières. D'autres n'ont jamais professé dans l'enseignement secondaire.» (Collège de Gap, p. 378.) — «On fait remarquer que dans les facultés chaque professeur est souvent obligé d'interroger des candidats sur les matières étrangères à sa spécialité, par exemple un professeur d'histoire sur les lettres, un professeur de lettres sur l'histoire et la philosophie; on pense qu'il serait utile d'adjoindre au jury de nouveaux membres pour augmenter le nombre des professeurs spéciaux.» (Collège de Meaux, p. 779.) — «Aujourd'hui, dans la faculté des sciences, il est tel professeur de sciences qu'on regrette de voir

responsabilité dont les investirait l'examen intérieur les effraye[1]. Ce qui ailleurs est considéré comme le moyen d'influence le plus

faire partie d'un jury chargé d'examiner les candidats au baccalauréat. S'il donne une question qui rentre dans le cercle de ses études habituelles, il ne comprend guère que le candidat sache modérément ce qu'il a raison d'estimer avant tout; et s'il se hasarde sur un domaine qu'il ne connaît guère, les questions qu'il pose risquent d'être parfois insuffisantes.» (Recteur d'Aix, p. 45.) — «Beaucoup de professeurs de l'enseignement supérieur ont quitté depuis longtemps l'enseignement secondaire; un certain nombre n'ont même jamais enseigné dans les lycées. Il ne serait donc pas mauvais qu'un professeur de lycée vînt apporter au jury une expérience plus fraîche, un sentiment plus précis, plus immédiat de la réalité et ajouter aux probabilités d'une appréciation exacte.» (Recteur de Rennes, p. 854.) — «L'inégalité des examens résulte d'une part de ce que le professeur de faculté, qui a constamment vécu dans le milieu scientifique ou littéraire constituant sa spécialité, n'a pas, comme le professeur ayant longtemps préparé les élèves, la notion des degrés dans la difficulté; d'autre part, de ce qu'à force de songer à la poursuite d'idées neuves, il oublie souvent l'ensemble du domaine scientifique qui lui a été dévolu, ou n'est que trop porté à interroger constamment sur ses propres travaux.» (Recteur de Besançon, p. 72, 73.) — «Les jurys de faculté sont, quoi qu'on dise, compétents, bien qu'un peu sévères, quand les jeunes professeurs y dominent.» (Recteur de Bordeaux, p. 125.) — Cf. Faculté de droit de Nancy, p. 522. — Lycée d'Avignon, p. 17; — Nice, p. 27; — Vesoul, p. 57; — Agen, p. 99; — Coutances, p. 144; — le Havre, p. 161; — Roanne, p. 440; — Carcassonne, p. 483; — Montpelier, p. 491; — Reims, p. 745; — Guéret, p. 184; — Nantes, p. 832. — Collège de Baumes-les-Dames, p. 60; — Luxeuil, p. 64; — Blaye, p. 113.

[1] *Enquête*, lycée de Nice, p. 27: «Les professeurs des lycées ne pourraient en aucun cas interroger leurs propres élèves»; — Belfort, p. 51; — Périgueux, p. 109; — Rouen, p. 159: «Les membres de l'enseignement secondaire faisant partie du jury seront pris parmi les professeurs des lycées ou des collèges du département ou des départements voisins»; — Chaumont, p. 215: «Un membre a demandé que les professeurs de l'élève fussent exclus du jury»; — Saint-Omer, p. 294: «Les professeurs n'interrogeront pas leurs élèves»; — Valenciennes, p. 301: «Les noms des candidats seront tenus secrets au baccalauréat comme dans les examens d'enseignement primaire»; — Montpellier, p. 491: «Un professeur ne peut se trouver juge de ses propres élèves»; — Nîmes, p. 504: «Les professeurs composant le jury ne seraient jamais délégués dans l'académie à laquelle ils appartiendraient»; — Condorcet, p. 659; — Janson de Sailly, p. 687; — Vanves, p. 709, 710; — Bourges, p. 725: «Les professeurs faisant partie des jurys ne devront pas avoir été en exercice pendant l'année scolaire»; — Orléans, p. 731; — Angoulême, p. 788: «Les professeurs adjoints au jury devront être pris en dehors de l'académie»; — Tours, p. 884: «Il ne convient pas que les professeurs soient juges de leurs élèves»; — Laval, p. 828: «Les professeurs de l'enseignement secondaire seront choisis parmi les professeurs en retraite ou en congé»; — Rennes, p. 837: «Le nom des candidats sera remplacé sur les feuilles de composition par une devise ou un numéro d'ordre, comme cela se pratique dans les concours généraux; aucun élève ne doit être interrogé par son professeur»; — Montauban, p. 874: «A la

efficace, comme la force morale par excellence, leur paraît une autorité impraticable et dangereuse. Habitués à vivre avec la jeu-

condition que les membres du jury ne soient pas pris parmi les professeurs en activité de service»; — Rodez, p. 875; — Toulouse, p. 876, = Collège de Pontarlier, p. 67; — Bayeux, p. 161 : «Les jurys seraient composés de professeurs pris dans des établissements différents»; — Dieppe, p. 164 : «Comme suprême sauvegarde, le chef de l'établissement ne fera pas partie de la commission d'examen»; — Auxerre, p. 229 : «L'examen final sera subi devant un jury étranger à l'établissement»; — Arras, p. 303 : «Les professeurs ne pourraient être juges de leurs propres élèves»; — Cambrai, p. 308; — Dunkerque, p. 315; — Hazebrouck, p. 317; — Saint-Étienne, p. 432 : «Il serait désirable, pour éviter tout soupçon de partialité, que les noms des candidats ne fussent pas inscrits en tête des copies et fussent inconnus aux membres du jury»; — Saint-Dié, p. 563 : «Aucun professeur ne saurait être examinateur dans son propre département»; — Châlons-sur-Marne, p. 750 : «Il serait à souhaiter que le professeur de l'enseignement secondaire faisant partie du jury fût arrivé à l'âge de la retraite : il n'y aurait ainsi de son fait ni dérangement dans les classes ni soupçon de partialité»; — Coulommiers, p. 760 : «Les examinateurs seront pris parmi les agrégés de l'enseignement secondaire à la retraite»; — Dreux, p. 761 : «A la condition que les professeurs de l'enseignement secondaire désignés n'auront jamais à examiner leurs propres élèves»; — Fontenay-le-Comte, p. 808; — Dinan, p. 839. = C. faculté des sciences de Caen, p. 134 : «Les membres du jury choisis parmi les professeurs de l'enseignement secondaire seront tous pris nécessairement dans les établissements d'enseignement secondaire situés hors du département dans lequel le jury aura à fonctionner»; — des sciences de Lille, p. 280; — des lettres de Montpellier, p. 478 : «Les professeurs d'un lycée chargés d'un enseignement dans une faculté ne devront pas faire partie des jurys qui auront à examiner des élèves provenant de l'établissement auquel ils sont attachés»; — des lettres de Nancy, p. 531; — des lettres de Rennes, p. 821 : «Pourvu que les professeurs ne retrouvent pas leurs élèves dans l'examen». = Recteur de Dijon, p. 237; — Grenoble, p. 388 : «A la condition toutefois, pour éviter toute suspicion, que les professeurs d'enseignement secondaire adjoints au jury n'aient jamais à examiner leurs propres élèves»; — Rennes, p. 854 : «Pour mettre les professeurs à l'abri de toute suspicion, on désirerait qu'ils ne pourraient interroger leurs élèves.»

N'admettent pas la participation de l'enseignement secondaire : lycée de Nice, p. 24; — le Mans, p. 154; — Dijon, p. 221; — Bourges, p. 725; — la Rochelle, p. 802; — Tours, p. 804; — Rennes, p. 838; — Albi, p. 872; — Toulouse, p. 880. = Collège de Marmande, p. 122; — Cherbourg, p. 162; — Eu, p. 165; — Falaise, p. 167; — Beaune, p. 230; — Chalon-sur-Saône, p. 435; — Perpignan, p. 510; — Lunéville, p. 550; — Clermont, p. 755; = Épernay, p. 763; — Vitry-le-François, p. 774; — Meaux, p. 780; — Fontenay-le-Comte, p. 808; — Bône, p. 899; — Oran, p. 700; — Philippeville, p. 901. = Recteur de Douai, p. 341; — Montpellier, p. 511.

Voudraient un jury exclusivement composé de membres de l'enseignement secondaire : lycée de Bayonne, p. 104; — Bourg, p. 421. = Collège de Fontainebleau, p. 763; — la Rochefoucauld, p. 810; — Saint-Jean-d'Angely, p. 814; —

nesse dans des rapports de confiance, parfois de direction intime et de tutelle familiale, comment pourraient-ils devenir les arbitres de son sort? L'enseignement supérieur se préoccupe de leurs intérêts, de l'inévitable interdiction des leçons particulières, qui constituent le plus souvent le meilleur de leurs ressources[1]; ils sont, pour eux, tout entiers à leurs scrupules. L'expérience leur a appris que pour être à l'abri du soupçon, il ne suffit pas toujours de ne le point mériter. Si le jury de faculté est un peu loin peut-être, ce qui explique la proposition faite de le rapprocher en y introduisant quelques éléments intermédiaires, le jury intérieur ne serait-il pas beaucoup trop près? L'indulgence et la sévérité ne seraient-elles pas toujours plus ou moins taxées de sympathie et de ressentiment, en un mot de parti pris[2]?

Même en écartant l'idée de ces suggestions, non moins fâcheuses pour ceux qui pourraient les concevoir que pour ceux qui en seraient l'objet, tant de sollicitations d'apparence légitime seraient toujours prêtes à se jeter à la traverse des intentions les plus fermes! Les facultés sont des corps peu nombreux, bien unis, qui peuvent se défendre. Est-il sage de faire le même fond sur tous les lycées, sur tous les collèges de plein exercice qui arriveraient tôt ou tard à jouir du privilège d'accorder le certificat? Les familles seraient-elles assez intelligentes de leurs véritables intérêts pour ne pas abuser des mille moyens dont elles disposent sur un champ d'action aussi vaste et travailler à mettre l'examen à la portée de tous? «Laissez, disait V. de Laprade, aux lumières des parents, dans les classes les plus riches et les plus éclairées, à leur zèle pour la science pure, à leur goût de la distinction

Blayes, p. 125; — Morlaix, p. 842; — Saint-Servan, p. 848; — Bagnères, p. 882; — Saint-Gaudens, p. 886.

[1] *Enquête*, faculté des sciences de Marseille, p. 91 — des sciences de Caen, p. 136; — des lettres de Dijon, p. 211; — de droit de Grenoble, p. 352; — des lettres de Nancy, p. 531; — des sciences de Rennes, p. 838. — Cf. lycée Louis-le-Grand, p. 698.

[2] *Enquête*, lycée de Mont-de-Marsan, p. 106; — Rouen, p. 155; — Vanves, p. 709; — Orléans, p. 731. — Collège de Neufchâteau, p. 155; — Cherbourg, p. 162; — Dieppe, p. 164; — le Quesnoy, p. 329; — Lunéville, p. 549. — Faculté de droit de Douai, p. 264 : «En France, on n'a jamais su, on n'a jamais pu résister aux sollicitations des parents.» — Recteur de Douai, p. 346; — de Rennes, p. 854.

intellectuelle, le soin de fixer le niveau des études classiques, et je vous réponds que, dans quinze ans d'ici, la grande masse de nos fils de famille saura lire, écrire et compter [1]. » On allègue, il est vrai, que, pendant près de quarante ans il y eut deux sortes de jurys siégeant simultanément : un jury de faculté et un jury de professeurs de lycée dans les centres où il n'y avait pas de faculté; et que, d'après la déclaration officielle d'un Ministre [2], ce n'était pas le jury de lycée qui se montrait le moins exigeant. Des survivants de ce régime confirment ce témoignage [3], mais d'autres le combattent. Les jurys intérieurs, jalousement surveillés, étaient en butte à toutes les insinuations [4]; et combien l'opinion, encouragée par les mille voix de la presse, n'est-elle pas devenue plus entreprenante, plus subtile à prendre en main toutes les causes, à décider souverainement même de ce qu'elle ne peut apprécier! Aussi bien s'est-on suffisamment rendu compte de la toute-puissance de ces commissions? Voilà donc trois ou quatre professeurs constitués juges suprêmes de l'enseignement de tous leurs collègues, juges de l'administration de leurs chefs hiérarchiques, et, — la prospérité d'un établissement se mesurant au succès, — maîtres en somme de la fortune de la maison [5]. Quelle situation pour tout le monde et pour eux-mêmes! Que de causes de dissentiments secrets, de luttes sourdes [6]! Contre cette sorte de conjuration de la faiblesse, de l'aveuglement, des intérêts et des passions, quel sera le rempart? L'État, qui pourra sans doute retirer à tel établissement devenu indigne le droit d'examen? Mais sera-t-il toujours facile au Gouvernement de revendiquer ce pouvoir, et quelle résistance ne rencontrera-t-il pas de la part des autorités locales, qui verraient le collège qu'elles patronnent ou à qui les attache un sentiment naturel d'amour-propre local, destitué, ne fût-ce

(1) *Le baccalauréat et les études classiques.*

(2) V. Cousin.

(3) *Enquête,* école préparatoire de médecine et de pharmacie d'Amiens, p. 186.

(4) *Enquête,* faculté des sciences de Grenoble, p. 367. — Collège de Cambrai, p. 309. — Recteur de Dijon, p. 244, 245.

(5) *Enquête,* collège de Dieppe, p. 164.

(6) *Enquête,* faculté des lettres de Dijon, p. 211; — de droit de Grenoble (rapport de M. Fournier), p. 361; — des lettres de Nancy, p. 532; — des lettres de Paris, p. 637, 638. — Lycée d'Alger, p. 161. — Collège de Dieppe, p. 164. — Recteur de Douai, p. 340. — Pour l'opinion contraire, voir le lycée d'Évreux, p. 149.

que pour un temps, d'un privilège que conserverait le collège voisin[1] ?

On pourrait encore peut-être arriver à s'accommoder de ce régime, si les études devaient en tirer quelque bénéfice ! Mais est-ce bien un examen que cette appréciation dernière préparée et presque commandée par toutes les appréciations antérieures ? Assuré par avance du jugement qui l'attend, l'élève se gardera bien de faire le grand, l'indispensable effort de la fin ? Ce qui d'ailleurs donne au diplôme son prix, c'est qu'il faut l'emporter de haute lutte, en présence de camarades de toute provenance, dans une sorte de concours où chaque maison prend à cœur de soutenir l'honneur du drapeau. A côté de ces titres publiquement conquis, que sera ce certificat délivré *intra muros*, furtivement[2] ? Il commencera par avoir une valeur fort inégale : il y aura des bacheliers de lycée de première et de deuxième catégorie, des bacheliers de lycée et des bacheliers de collège[3]. Et comme les établissements, qu'on le veuille ou non, seront classés d'après la moyenne des diplômes qu'ils délivreront, on rivalisera d'indulgence[4], si bien que partout inévitablement les épreuves fléchiront. Nous ne parlons que des candidats. Et les juges ? Ici des agrégés, là des licenciés : quelle cause de différence profonde ! En vain essayera-t-on de réagir : force sera bien de couvrir ces faiblesses, qu'on craindra

[1] « L'ambition de toute préfecture ou sous-préfecture serait de posséder un établissement universitaire à baccalauréat; les candidats électoraux, maires, conseillers généraux, députés ne manqueraient pas de s'employer pour obtenir ou conserver ce privilège désiré. » *Enquête*, faculté de droit de Douai, p. 265.

[2] *Enquête*, lycée de Mâcon, p. 429.

[3] *Enquête*, faculté de droit de Nancy, p. 361; — de droit de Montpellier, p. 450; — de droit de Paris, p. 597. — Lycée de Montpellier, p. 484; — Henri IV, p. 664; — la Rochelle, p. 800; — Lorient, p. 829. — Recteur de Dijon, p. 237.

[4] *Enquête*, faculté de droit de Douai, p. 264 : « L'expérience apprend que certains candidats consultent avec un soin minutieux les statistiques officielles et qu'ils se présentent de préférence devant la faculté qui leur semble la moins sévère. Nous craignons que les centres réputés les plus stricts soient désertés au profit de ceux qui auront une réputation de clémence. » — Faculté des lettres de Douai, p. 282; — de droit de Lyon, p. 397; — des lettres de Poitiers, p. 786. — Lycée de Chaumont, p. 215; — Louis-le-Grand, p. 697; — Bourges, p. 725. — Collège de Brioude, p. 193; — Hesdin, p. 319; — la Fère, p. 322; — le Quesnoy, p. 329; — Saint-Pol, p. 332; — Lunéville, p. 549; — Meaux, p. 775. — Recteur de Grenoble, p. 384; — Rennes, p. 851.

de mettre en lumière en les réprimant trop sévèrement. Ne sait-on pas assez combien il est difficile de faire exécuter les règles les plus élémentaires et les plus raisonnables des instructions relatives aux examens de passage [1]?

L'enseignement libre. — Il faut aussi compter avec l'enseignement libre. Sous le régime de l'examen intérieur, quelle serait sa situation? Pourrait-on, comme en Allemagne, obliger ses élèves à venir prendre le certificat devant les jurys des lycées ou des collèges? Poser la question, c'est la résoudre.

Le système du droit commun conditionnel. — Pour concilier le principe de la liberté avec le bien des études, les partisans de l'examen intérieur ne feraient pas difficulté d'attribuer aux écoles libres le droit de délivrer le certificat, moyennant certaines conditions, telles que l'adoption des programmes de l'enseignement public, la mise en pratique rigoureuse des examens de passage, la garantie des grades (agrégation ou licence) pour les professeurs des classes supérieures, l'exercice de l'inspection de l'État et l'assistance d'un commissaire du Gouvernement aux examens [2]. Accordée sur le rapport de l'inspecteur d'académie par le conseil académique de la région, cette faveur serait retirée dans les mêmes conditions et par les mêmes pouvoirs aux établissements qui auraient mésusé. Quant à ceux qui se refuseraient à accepter ce régime, ils devraient envoyer leurs élèves subir l'examen dans un autre établissement libre dûment autorisé.

Mais à ce système on objecte d'abord l'effet moral résultant d'un moyen de constatation qui accuserait et aggraverait encore, en l'accusant, la division des esprits dans la direction de la jeunesse. L'examen commun qui, à un jour donné, réunit sur les mêmes bancs et devant un même jury les candidats au baccalau-

(1) *Enquête*, recteur de Grenoble, p. 384.

(2) *Enquête*, faculté des lettres d'Aix, p. 121 — des lettres de Besançon, p. 721 — de droit de Douai, p. 282. — École préparatoire de médecine et de pharmacie d'Amiens, p. 285. — Faculté des lettres de Grenoble, p. 372; — des lettres de Montpellier, p. 476; — de théologie protestante de Paris, p. 582; — de théologie protestante de Montauban, p. 856. — Lycée Louis-le-Grand, p. 695. — Collège de Bayeux, p. 161; — Beaune, p. 230; — Nantua, p. 439; — Pontivy, p. 834; — Vic-en-Bigorre, p. 838. — Recteur de Chambéry, p. 175; — Grenoble, p. 384. — Pour les objections faites à ce système, voir la faculté de droit de Grenoble, p. 352.

réel, maintient le lien dans une certaine mesure ou l'empêche, au moins pour quelques uns, de se briser. L'examen subi dans des conditions aussi égales qu'il serait possible de les faire, mais à distance, devant des juges divers, après des préparations diverses, achèverait de creuser l'abîme. Deux courants distincts se formeraient : ceux que l'enseignement supérieur réunit auraient plus de peine encore qu'aujourd'hui à se rapprocher; pour ceux que la vie active entraîne tout de suite dans ses directions multiples, c'est-à-dire pour le plus grand nombre, ils n'auraient plus de raison ni d'occasion de se toucher. On n'accepte point, d'autre part[1], que l'enseignement libre, quelque justification qu'il soit prêt à consentir, jouisse des mêmes prérogatives que l'enseignement public. Le droit d'enseignement n'implique nullement le droit d'examen. La collation d'un grade ou la délivrance d'un diplôme équivalent à un grade est un droit d'État. De simples particuliers, très différents les uns des autres par le caractère des personnes et le but des institutions, libres avant tout et toujours prêts à s'abriter derrière la liberté qui est leur force légitime, ne sauraient, en aucun cas, être assimilés à un corps hiérarchiquement ordonné, enchaîné à des règles, soumis à un incessant contrôle, avec lequel l'État engage son autorité. Pour se rendre compte de l'importance que les écoles libres attachent à la délivrance du diplôme et du parti qu'elles sauraient en tirer, il suffit de voir avec quelle satisfaction l'octroi en

[1] *Enquête*, faculté des lettres de Clermont, p. 179; — des lettres de Douai, p. 281 : « Dans l'état actuel de la société française, en face de la division profonde qui va s'élargissant tous les jours entre l'enseignement de l'État et l'enseignement libre, presque tout entier aux mains du clergé, l'État ne saurait avoir un seul instant la pensée d'aliéner, dans une mesure si faible qu'elle soit, le droit absolu qu'il a dû revendiquer sur la collation des grades par la suppression des jurys mixtes. » — Faculté de droit de Lyon, p. 396-399; — des lettres de Montpellier, p. 464; — de droit de Nancy, p. 517, 518. — École supérieure de pharmacie de Nancy, p. 538. — Faculté des sciences de Poitiers, p. 782; — de droit de Toulouse, p. 861. — École de droit d'Alger, p. 889; — des sciences d'Alger, p. 890. — Lycée de Nîmes, p. 503; — Condorcet, p. 659; — Louis-le-Grand, p. 695; — Orléans, p. 732, 737. — Limoges, p. 794. — Collège de Libourne, p. 119; — Brioude, p. 193; — la Fère, p. 323; — Sedan, p. 335; — Meaux, p. 777; — Chinon, p. 807; — Fontenay-le-Comte, p. 808; — Quimper, p. 846; — Saint-Nazaire, p. 847; — Gaissac, p. 884. — Recteur de Dijon, p. 249 : « N'oublions pas que les établissements libres servent une cause et que des motifs d'un ordre supérieur inspirent et légitiment à leurs yeux leurs appréciations et leurs actes »; — Douai, p. 339; — Lyon, p. 444.

serait accueilli. Il ne s'agit point d'ailleurs de revenir au certificat d'études exigé avant la loi de 1850, comme la proposition en a été faite au Parlement[1]. Mais autre chose est le rétablissement du certificat d'études[2], autre chose la suppression des garanties que la liberté a dû accepter contre elle-même pour la collation des grades. L'État ne peut ni résigner ses droits ni s'affranchir de ses devoirs : ce serait une abdication mortelle aux études, funeste à l'intérêt social. Si l'Allemagne ne connaît pas ces réserves défensives, c'est qu'elle n'en a pas besoin, les règlements de l'enseignement de l'État étant acceptés par l'enseignement libre comme la loi commune[3].

Les jurys mixtes. — La coexistence des deux jurys. — Restent le procédé du jury mixte et celui de la coexistence de deux jurys.

Certaines assemblées considèrent qu'il ne serait pas injustifiable, l'intervention de l'enseignement secondaire dans les commissions

[1] Voir la proposition de la loi déposée par M. Marcou, député, et les rapports présentés à la Chambre les 14 janvier et 13 mai 1882 : «Seront seuls admissibles aux épreuves du baccalauréat ès lettres et ès sciences les élèves qui justifieront de leur certificat régulier après avoir fait les trois classes de seconde, de rhétorique et de philosophie, soit dans leurs familles, soit dans les lycées ou les collèges communaux, soit dans les institutions assimilées aux établissements de l'Université. Les certificats seront délivrés par les pères de famille ou les tuteurs, par les proviseurs des lycées, par les principaux des collèges communaux, par les chefs d'institution agrégés à l'Université. Les certificats sortiront leur plein et entier effet. En cas de contestation, le conseil académique prononcera, hors les cas où les certificats seraient argués de faux.» (Art. 1er du projet adopté par la Commission.)

[2] Quelques établissements seulement ont exprimé un vœu à ce sujet : «L'État pourra exiger des jeunes gens qui se destinent aux fonctions publiques qu'ils aient fait leurs deux dernières années d'études dans un de ses établissements d'enseignement secondaire.» (*Enquête*, lycée de Moulins, p. 4-187.) — «L'assemblée demande que l'on rétablisse le certificat d'études, le droit de délivrer ce certificat pouvant être accordé à des établissements libres.» (Lycée de Poitiers, p. 800.) — «Il faut rétablir le certificat d'études, sinon dans sa teneur ancienne, du moins conçu de telle sorte qu'on puisse être assuré que le candidat a fait séparément en deux années distinctes la rhétorique et la philosophie.» (Recteur de Poitiers, p. 815.) = Faculté de droit de Grenoble, p. 354. — Cf. faculté de droit de Paris, p. 599, qui demande l'obligation du certificat de grammaire. = Collège d'Avranches, p. 161.

[3] *Enquête*, voir à des titres divers : faculté des sciences de Bordeaux, p. 92; — de médecine et de pharmacie de Lyon, p. 400; — des lettres de Dijon, p. 211. = Lycée de Besançon, p. 56; — Nîmes, p. 503; — Poitiers, p. 799. = Collège de Montbéliard, p. 66; — Lisieux, p. 170; — Landrecies, p. 325; — le Quesnoy, p. 330; — Gap, p. 379; — Louhans, p. 439; — Châtellerault, p. 806; — Chinon, p. 807; — Saint-Jean-d'Angely, p. 814. = Recteur de Grenoble, p. 384.

du baccalauréat étant admise, d'y faire la part de l'enseignement libre[1]. Mais la proposition soulève trois observations qui semblent péremptoires : 1° Les écoles libres ne jugeraient-elles pas cette garantie insuffisante, aujourd'hui qu'elles ont la pleine garantie de l'impartialité des facultés? 2° Pourraient-elles fournir assez d'agrégés dans les jurys des lycées, de licenciés dans les jurys des collèges, ce grade étant la condition de l'investiture, alors surtout qu'on voudrait généralement qu'aucun siège n'appartînt à personne à titre permanent et que les professeurs dûment qualifiés fussent appelés à prendre place dans les commissions par voie de roulement? 3° Le principe des jurys mixtes a fait ses preuves en Belgique; il a été condamné en France pour l'attribution des grades de l'enseignement supérieur : comment penser à le rétablir pour l'enseignement secondaire[2]?

La coexistence de deux jurys semble, au premier abord, plus défendable. Jury intérieur pour les établissements de l'État jouissant du droit de conférer le diplôme; jury de facultés pour les écoles publiques auxquelles ce droit ne serait pas reconnu, pour les écoles libres, pour les candidats élevés dans la famille, pour ceux enfin dont les circonstances, la maladie, le manque de ressources ont retardé les études : quoi de plus simple? Et si l'on ajoute que tout candidat des établissements publics aurait le droit de choisir entre les deux catégories de juges, quoi de plus libéral? Cette dualité avec droit d'option n'existe-t-elle pas déjà pour l'examen de grammaire[3]? — Mais c'est cela même, répond-on, dont l'enseignement

(1) *Enquête*, faculté des lettres de Besançon, p. 49. = Lycée Janson de Sailly, p. 688; — Vendôme, p. 747; — Pontivy, p. 837. = Collège de Luxeuil, p. 65. — Libourne, p. 119; — Châteaudun, p. 753; — Castelsarrasin, p. 883; — Condom, p. 883.

(2) *Enquête*, faculté de droit de Douai, p. 265; — de théologie protestante de Paris, p. 574. = Lycée d'Orléans, p. 735; — Nantes, p. 832; — Toulouse, p. 879. = Collège de Calais, p. 306; — Cambrai, p. 309. = Recteur de Besançon, p. 70. — Dijon, p. 242.

(3) *Enquête*, faculté des lettres de Besançon, p. 48; — de droit de Lyon, p. 395; — de théologie protestante de Paris, p. 583; — de théologie protestante de Montauban, p. 857. = Lycée de Châteauroux, p. 791; — la Roche-sur-Yon, p. 803; — Constantine, p. 897. = Collège de Gap, p. 379; — Bagnères, p. 882; — Castelnaudary, p. 883. = Voir le *Projet de réforme du baccalauréat ès lettres*, par M. Émile Beaussire, ancien professeur de faculté, député, Extrait des publications de la *Société pour l'étude des questions d'enseignement supérieur*, Paris, Hachette, 1880.

libre et les collèges se plaignent : nos habitudes, ou si l'on veut, nos préjugés d'égalité se trouvent froissés de ce que les élèves des lycées obtiennent, le plus grand nombre sans examen, quelques-uns après un examen à huis clos, un diplôme que les autres doivent aller prendre au chef-lieu de l'Académie, devant une commission spéciale, en courant tous les risques d'une épreuve publique. Est-on bien sûr d'ailleurs que la coexistence de deux jurys ne résultant pas, comme autrefois, d'une impossibilité matérielle qui la justifiait, mais représentant une différence de régime et où il serait difficile de voir autre chose qu'un expédient, ne porterait pas atteinte à la dignité des jugements, surtout avec la faculté d'option laissée au candidat? Le but et l'effet de l'organisation allemande, c'est de donner pleins pouvoirs au professeur de l'enseignement secondaire. L'élève aura-t-il le même souci de cette action bienfaisante, lorsqu'il sentira qu'il peut obtenir avec d'autres juges ce que ses juges naturels lui auraient refusé? Au surplus, on invoque toujours l'exemple de l'Allemagne : c'est sans doute pour profiter de son expérience et ne pas prendre à notre compte les erreurs dont elle s'est corrigée. Eh bien! de 1812 à 1834, pendant une période de transition, les deux jurys ont existé simultanément en Prusse, et il a fallu y renoncer, parce que beaucoup de jeunes gens, abandonnant les études normales, se présentaient devant la commission extérieure, qui passait, à tort ou à raison, pour être plus indulgente. Les hautes classes étaient désertées; l'examen, préparé hâtivement, superficiellement, en dehors de toute direction régulière, était devenu dérisoire[1].

Tel est l'ensemble des considérations, — tirées tant du principe même de l'institution que de la difficulté pédagogique ou sociale d'en appliquer les règles, — au nom desquelles l'examen intérieur est repoussé. D'un caractère très différent, ces considérations sont en même temps d'une portée très inégale; mais elles offrent

[1] *Enquête*, faculté des sciences de Marseille, p. 10; — des lettres de Grenoble, p. 372; — de Montpellier, p. 464, 473; — de droit de Nancy, p. 518; — des lettres de Nancy, p. 531; — des lettres de Poitiers, p. 787; — des lettres de Rennes, p. 820; — de droit de Toulouse, p. 861; — des lettres de Toulouse, p. 866. — École de droit d'Alger, p. 889. — Lycée de Rouen, p. 155; — Chaumont, p. 217; — Louis-le-Grand, p. 697, 698; — Limoges, p. 793. — Collège de Lunéville, p. 554, 555. — Recteur de Dijon, p. 237; — Grenoble, p. 384, 385; — Lyon, p. 442.

ce caractère commun que chacune d'elles, prise en elle-même, reflète, pour ainsi dire, une forme des préoccupations de l'esprit public; et la conclusion générale c'est que l'examen public, extérieur à tous les établissements, égal pour tous, à jury unique, l'examen du baccalauréat, en un mot, est le système auquel il faut se tenir.

Les améliorations à apporter à l'examen du baccalauréat. — Mais l'accord établi sur ce point, nul ne fait difficulté de reconnaître que le baccalauréat ne doive être amélioré. Ceux qui le défendent ne sont pas moins décidés à cet égard que ceux qui l'attaquent. Tel qu'il existe aujourd'hui, il laisse trop de part à la fortune : on ne saurait raisonnablement admettre que les résultats de huit années de travail soient souverainement appréciés en quelques heures par des juges qui ne connaissent pas les candidats. De plus, l'examen ainsi pratiqué vicie la direction des études, qu'il convertit pour la plupart des jeunes gens en une préparation tumultuaire, artificielle et malsaine. Enfin il exige d'un grand nombre d'élèves un effort qui ne leur profite pas, et il n'assure point comme il conviendrait l'éducation de l'élite [1]. C'est donc le vœu commun que des modifications soient apportées tant dans la forme des épreuves que dans l'organisation fondamentale de l'examen.

Les modifications de forme. — Les modifications de forme ont

[1] *Enquête* : «On a dit et répété bien des fois que le baccalauréat était une véritable loterie. Les exemples ne manquent pas, en effet, de brillants élèves qui ont échoué, alors que de véritables cancres ou tout au moins des candidats parfaitement médiocres sortaient victorieux de l'épreuve. Chacun de nous pourrait certainement, sans beaucoup de peine, contribuer à grossir cette liste de victimes ou de favoris injustes du sort. Il est juste de reconnaître que ces exemples, si nombreux soient-ils, restent à l'état d'exceptions; tout compte fait, ce sont encore les meilleurs élèves qui ont l'avantage : il serait, je crois, difficile de le contester. Il n'en reste pas moins vrai que, si l'on pouvait trouver un moyen, sinon de prévenir tout à fait ces malheurs, du moins de les rendre de plus en plus rares, on aurait réalisé une amélioration qui ne serait pas sans valeur.» (Lycée de Montpellier, p. 493.) — Cf. faculté de droit de Grenoble, p. 350; — des sciences de Lyon, p. 414; — des lettres de Lyon, p. 415; — des sciences de Montpellier, p. 456; — des lettres de Montpellier, p. 462. — École supérieure de pharmacie de Nancy, p. 535. — Faculté des lettres de Paris, p. 636. — École de médecine et de pharmacie d'Alger, p. 893. — Lycée de Carcassonne, p. 484; — la Rochelle, p. 800. — Collège de Gap, p. 378; — Vienne, p. 381; — Chinon, p. 806, etc.

trait au dossier du candidat, à la procédure et à l'appréciation des épreuves, au programme, à la composition du jury.

Le dossier du candidat. — Le dossier du candidat ne comprend aujourd'hui, avec son acte de naissance, que les compositions qu'il a faites pour l'examen même. On y voudrait joindre, soit une sorte de livret scolaire, de *curriculum vitæ*, indiquant les notes, les places, les récompenses qu'il a obtenues pendant les dernières années avec un certain nombre de compositions à l'appui, soit une pièce constatant qu'il possède le certificat de grammaire et qu'il a fait un nombre d'années d'études correspondant au nombre des classes à parcourir, soit la mention du résultat des deux examens de passage les plus caractéristiques, soit simplement l'indication qu'il a été porté par l'assemblée des professeurs du lycée ou du collège au tableau des candidats jugés en état de réussir [1].

[1] *Enquête*, faculté des sciences de Bordeaux, p. 92; — de droit de Caen, p. 129; — des lettres de Clermont, p. 180; — des lettres de Dijon, p. 213; — de droit de Douai, p. 266; — des lettres de Douai, p. 284; — de droit de Grenoble, p. 353; — mixte de médecine et de pharmacie de Lyon, p. 410; — des lettres de Montpellier, p. 478; — de droit de Nancy, p. 523; — de médecine de Nancy, p. 528; — des lettres de Nancy, p. 534; — de théologie protestante de Paris, p. 583; — de droit de Paris, p. 610; — des sciences de Paris, p. 636; — des lettres de Paris, p. 642. = École supérieure de médecine et de pharmacie de Reims, p. 649. = Faculté des sciences de Rennes, p. 819; — de théologie de Montauban, p. 858. = École de droit d'Alger, p. 889; — des lettres d'Alger, p. 892. = Lycée d'Avignon, p. 19; — Bastia, p. 23; — Nice, p. 27; — Besançon, p. 55; — Lons-le-Saunier, p. 57; — Bayonne, p. 103 (point pour les élèves des établissements libres); — Bordeaux, p. 105; — Mont-de-Marsan, p. 107; — Perpignan, p. 110 (avec extension aux établissements libres); — Alençon, p. 140; — Caen, p. 142; — Évreux, p. 150; — le Mans, p. 153; — Rouen, p. 158; — Montluçon, p. 186; — Moulins, p. 187, — Aubusson, p. 189; — Chaumont, p. 220; — Nevers, p. 225; — Sens, p. 226; — Amiens, p. 288; — Charleville, p. 290; — Douai, p. 291; — Lille, p. 293; — Saint-Omer, p. 294; — Grenoble, p. 375; — Lyon, p. 425; — Carcassonne, p. 487; — Nîmes, p. 505 (seulement pour les lycées); — Bar-le-Duc, p. 539; — Nancy, p. 541; — Condorcet, p. 662; — Henri IV, p. 672; — Janson de Sailly, p. 684; — Vanves, p. 713; — Versailles, p. 718; — Reims, p. 747; — Vendôme, p. 747; — Angoulême, p. 789; — Limoges, p. 795-797; — la Roche-sur-Yon, p. 804; — Angers, p. 826; — Brest, p. 827; — Laval, p. 828; — Lorient, p. 830; — Nantes, p. 833; — Saint-Brieuc, p. 838; — Albi, p. 869; — Auch, p. 872; — Tarbes, p. 877; — Toulouse, p. 878; — Alger, p. 896; — Constantine, p. 898. = Collège d'Arles, p. 83; — Carpentras, p. 36; — Arbois, p. 58; — Gray, p. 63; — Luxeuil, p. 65; — Pontarlier,

Cet avis n'est pas celui de tout le monde : à quoi servirait ce dossier? Les bons candidats n'en ont pas besoin et il ne sauverait pas les mauvais. Pour le jury ce ne serait le plus souvent qu'un embarras, à moins qu'on ne veuille lui forcer la main! Sans compter qu'autoriser les recommandations, quelle qu'en soit la forme,

p. 67; — Salins, p. 68; — Libourne, p. 121; — Marmande, p. 122; — Avranches, p. 161; — Dieppe, p. 165; — Eu, p. 166; — Falaise, p. 167; — Flers, p. 168; — Honfleur, p. 169; — Lisieux, p. 171; — Brioude, p. 194; — Brives, p. 195; — Thiers, p. 197; — Auxerre, p. 229; — Beaune, p. 230; — Arras, p. 303; — Avesnes, p. 304; — Boulogne-sur-Mer, p. 305; — Calais, p. 307; — Château-Thierry, p. 314; — Dunkerque, p. 316; — Hesdin, p. 320; — la Fère, p. 324; — Landrecies, p. 326; — Saint-Amand, p. 331; — Sedan, p. 336; — Gap, p. 308; — Valence, p. 380; — Chalon-sur-Saône, p. 435; — Nantua, p. 439; — Roanne, p. 440 (sous pli cacheté); — Béziers, p. 506; — Vienne, p. 382; — Saint-Étienne, p. 432; — Autun, p. 434; — Cette, p. 508; — Mende, p. 509; — Perpignan, p. 510; — Commercy, p. 543; — Épinal, p. 547; — Longwy, p. 548; — Lunéville, p. 551; — Neufchâteau, p. 556; — Remiremont, p. 560; — Saint-Dié, p. 563; — Saint-Mihiel, p. 564; — Toul, p. 565; — Verdun, p. 567; — Rollin, p. 723 (point pour les élèves de l'enseignement libre); — Châlons-sur-Marne, p. 750; — Châteaudun, p. 754 (dossier formé en comité secret pour les lycées et collèges de plein exercice); — Compiègne, p. 756; — Provins, p. 769; — Meaux, p. 777; — la Rochefoucauld, p. 811; — Saint-Jean-d'Angely, p. 814; — Saint-Nazaire, p. 847; — Saint-Servan, p. 848; — Saumur, p. 845; — Castres, p. 883; — Figeac, p. 884; — Pamiers, p. 886; — Revel, p. 886; — Saint-Girons, p. 887; — Bône, p. 900; — Oran, p. 901. = Recteur de Besançon, p. 73; — Bordeaux, p. 124; — Chambéry, p. 174; — Clermont, p. 201; — Dijon, p. 246; — Douai, p. 347; — Montpellier, p. 512; — Rennes, p. 854; — Alger, p. 903.

N'admettent pas la production du dossier : faculté des lettres d'Aix, p. 13. = École préparatoire de médecine et de pharmacie de Clermont, p. 182. = Faculté de droit de Dijon, p. 210; — des sciences de Lille, p. 280 : «L'égalité la plus absolue, la condition *sine qua non* de l'impartialité à l'égard de tous les candidats, quelle qu'en soit l'origine, c'est qu'ils soient tous inconnus du jury, quels que soient leurs antécédents» ; — des sciences de Grenoble, p. 370; — des lettres de Lyon, p. 417; — de droit de Montpellier, p. 452; — des sciences de Poitiers, p. 785. = Lycée de Toulon, p. 31; — Pau, 109; — Caen, p. 146; — Clermont, p. 184; — Dijon, p. 221; — Troyes, p. 228; — Saint-Quentin, p. 298; — Mâcon, p. 430; — Montpellier, p. 494; — la Rochelle, p. 802; — Rennes, p. 838; — Toulouse, p. 882. = Collège de Draguignan, p. 35; — Dôle, p. 61; — Lure, p. 63; — Cherbourg, p. 162; — Cassel, p. 311; — le Câteau, p. 312; — Condé, p. 315; — Louhans, p. 439; — Béziers, p. 507; — Beauvais, p. 748; — Clermont, p. 755; — Dreux, p. 761; — Épernay, p. 763; — Fontainebleau, p. 764; — Vitry-le-François, p. 774; — Saintes, p. 812; — Morlaix, p. 842; — Quimper, p. 846; — Philippeville, p. 901. = Recteur de Grenoble, p. 388.

c'est du même coup provoquer ou permettre tout au moins les témoignages contraires; prenons garde aux listes de proscription : le silence seul peut, dans certains cas, devenir un danger. Et les familles, en cas d'insuccès, ne seront que trop portées à s'en prendre au dossier. N'est-il pas juste, au surplus, que chacun se présente aux épreuves avec toutes ses chances, et qu'un élève bien doué puisse, au moment du péril, se racheter de sa paresse par son intelligence. L'aléa a sa part dans tous les actes de la vie : il n'est pas mauvais que les jeunes gens en fassent de bonne heure l'utile expérience[1].

Ces raisons n'ont pas prévalu malgré la vivacité avec laquelle elles étaient soutenues. Le dossier a paru être pour les élèves méritants, et ce sont ceux-là qui importent, un motif de sécurité légitime, pour les maîtres un élément d'autorité, pour l'examen une condition de moralité. La règle en est déjà appliquée aux demandes de bourse; et l'usage n'existe-t-il pas, à Paris, de permettre aux candidats d'annexer à leurs copies de composition les billets d'admission au concours général ? Quelques-uns souhaiteraient même que le livret scolaire fût doté d'un coefficient, et que la production de la pièce eût un caractère obligatoire[1]. D'autres iraient jusqu'à accorder l'admissibilité aux épreuves orales à ceux dont le livret serait irréprochable. Il suffirait à la grande majorité que le document fût fourni comme renseignement et à titre facultatif : faculté qui serait étendue aux écoles libres.

La procédure des épreuves. — Aujourd'hui la règle, on le sait, est que les épreuves écrites soient subies au siège des facultés, où les candidats sont convoqués successivement par séries, et que les sujets de composition choisis par la faculté varient avec les séries; on sait aussi que la deuxième session annuelle a lieu dans la première quinzaine de novembre et se prolonge parfois au delà du mois; on sait enfin que le nombre considérable des candidats oblige parfois à res-

[1] *Enquête*, faculté des lettres de Montpellier, p. 478; — de théologie protestante de Paris, p. 583 : «Les notes obtenues par le candidat pendant les six derniers mois pour les travaux du même genre faits en classe lui seront comptées à titre égal avec celles des épreuves écrites de l'examen.» — «L'admissibilité aux épreuves orales pourrait être conférée à tout élève appartenant à la première moitié de la classe.» (Lycée de Caen, p. 142, 143.) — Même proposition sans détermination de proportion au lycée de Nîmes, p. 505.

treindre la durée de l'examen oral. On demande qu'il soit prescrit de procéder partout suivant les prescriptions de l'arrêté du 5 juin 1882[1] : à savoir que, comme dans les académies de Toulouse, Poitiers, Clermont, Rennes et Caen, tous les candidats réunis au chef-lieu du département du ressort auquel ils appartiennent subissent les épreuves écrites en même temps sur des sujets communs, et que les épreuves orales ne commencent qu'après que toutes les corrections sont terminées; c'est même un vœu assez général que, d'un bout à l'autre de la France, les candidats soient appelés à traiter, le même jour, à la même heure, la même composition, dont le Ministère de l'instruction publique donnerait le texte après avis du comité consultatif de l'enseignement supérieur. On demande, d'autre part, que la deuxième session puisse être close le 15 octobre au plus tard, de façon que l'année scolaire ne soit pas engagée tant pour ceux qui sont condamnés à redoubler la rhétorique que pour ceux que le succès autorise à passer en philosophie[2]. On demande en troisième lieu qu'aux épreuves orales,

(1) *Enquête*, lycée d'Avignon, p. 20 : «Le papier sera fourni par l'État; il sera de couleur variée suivant les compositions et les sessions»; — Bastia, p. 23; — Toulon, p. 31; — Belfort, p. 52; — Vesoul, p. 57; — Agen, p. 101 : «Le nom des candidats sera caché»; — Bayonne, p. 104; — Pau, p. 107; — Rouen, p. 158; — Argentan, p. 159; — Guéret, p. 184; — Moulins, p. 186; — Aubusson, p. 189; — Charleville, p. 289; — Valenciennes, p. 301; — Charlemagne, p. 658; — Janson de Sailly, p. 674 (ressort académique); — Versailles, p. 718 (ressort académique); — Orléans, p. 736; — Reims, p. 746; — Pontivy, p. 866; — Rennes, p. 837 (ressort académique); — Rodez, p. 875; — Tarbes, p. 877. = Collège de Dôle, p. 61; — Gray, p. 62; — Saint-Claude, p. 68; — Blaye, p. 115 : «De façon à établir un véritable concours entre tous les élèves et tous les professeurs»; — Dieppe, p. 165; — Honfleur, p. 170; — Aurillac, p. 190; — Thiers, p. 198; — Langres, p. 231; — Avesnes, p. 304; — Dunkerque, p. 314; — la Fère, p. 328; — Maubeuge, p. 328; — le Quesnoy, p. 330; — Sedan, p. 335; — Valence, p. 381; — Saint-Étienne, p. 432; — Autun, p. 439 (ressort académique); — Perpignan, p. 510; — Épinal, p. 546; — Mirecourt, p. 553; — Remiremont, p. 558; — Saint-Mihiel, p. 564; — Toul, p. 565; — Verdun, p. 568; — Poitiers, p. 723 (ressort académique); — Beauvais, p. 748 (ressort académique); — Blois, p. 749; — Chartres, p. 751; — Coulommiers, p. 760; — Dreux, p. 770; — Fontainebleau, p. 764; — Melun, p. 765 (ressort académique); — Montargis, p. 766; — Figeac, p. 884 (ressort académique); — Saint-Girons, p. 887. = Recteur de Besançon, p. 73; — Dijon, p. 255; — Douai, p. 348; — Rennes, p. 853.

(2) *Enquête*, lycée du Havre, p. 153; — Rouen, p. 157; — Moulins, p. 187; — Saint-Quentin, p. 298; — Rennes, p. 839. = Collège de Langres, p. 231; — Avesnes, p. 304.

les explications soient suffisamment prolongées (un quart d'heure par texte est indiqué comme mesure) pour donner le temps aux candidats de se remettre, et que les interrogations proprement dites comprennent toujours plus d'une question, deux ou trois au moins, nul ne pouvant être sûr d'avoir au premier appel une réponse toute prête[1].

La dernière proposition a trouvé une adhésion complète partout où elle a été faite. La seconde ne peut avoir contre elle que les habitudes des facultés; elle constituerait pour les études secondaires une amélioration sérieuse. Quant à la première, elle a donné lieu à quelques réserves : l'identité des sujets de composition pour toute la France est une raison d'équité plus apparente que réelle; il faudrait pouvoir établir en même temps l'identité d'appréciation, pour arriver véritablement à une commune mesure, et cette sorte d'uniformité de jugement qui peut être applicable jusqu'à un certain degré dans l'enseignement primaire, en raison du caractère élémentaire de l'examen, conviendrait-elle de même aux études secondaires? Pourrait-on l'imposer aux facultés? Ne suffit-il pas d'assurer l'égalité des sujets dans chaque ressort académique? Et n'arriverait-on pas à ce résultat en choisissant à l'avance un certain nombre de textes de force équilibrée ou de difficulté équivalente? Au reste, les avantages de l'unité des épreuves pour les candidats d'une même région sont fort contestables. Le mode produit une économie de quelques jours de session, et c'est bien quelque chose pour tout le monde. Mais l'intérêt du candidat est que l'épreuve orale suive de près l'épreuve écrite, et que de l'une à l'autre il n'y ait pas d'intervalle d'attente fiévreuse. Ce qui est surtout désirable, c'est que chaque élève soit interrogé par les examinateurs qui ont corrigé ses copies. Les deux appréciations s'éclairant l'une par l'autre et les professeurs étant avertis par les compositions dont

[1] *Enquête*, lycée de Saint-Omer, p. 295; — Charlemagne, p. 656; — Pontivy, p. 836; — Rodez, p. 876. — Collège d'Argentan, p. 159 : «Les candidats admissibles à l'examen oral tireront au sort les questions sur lesquelles ils devront être interrogés. Chaque candidat tirera toutes ses questions en même temps; il aura une demi-heure pour s'y préparer par la réflexion sous la surveillance des examinateurs»; — Laon, p 327; — Morlaix, p. 844. — La faculté des lettres de Paris demande que les compositions philosophiques comprennent toujours au moins deux questions, p. 640.

ils ont l'impression toute fraîche, il y a plus de chances que le jugement soit exact[1].

L'appréciation des épreuves. — C'est le même esprit qu'on applique à la revision des règles traditionnelles d'appréciation. On propose : quelques-uns, de ramener à un examen unique les deux séries d'épreuves, tels candidats pouvant avoir manqué leurs compositions, qui se relèveront à l'interrogation orale, et les deux séries d'épreuves n'étant pas de trop pour motiver une condamnation[2] ; ceux-ci, de substituer au tarif de 0 à 5 le tarif de 0 à 20 qui comporte plus de nuances d'évaluation, et conséquemment plus de chances de justice relative[3] ; ceux-là, d'attribuer un coefficient aux différentes matières, en prenant pour base du rapport le nombre des heures accordées à l'enseignement de chacune d'elles dans la répartition hebdomadaire du temps[4] ; d'autres enfin, de maintenir le bénéfice de l'admissibilité à ceux qui l'ont une fois acquise, soit à terme indéfini, soit pendant une ou deux années, soit seulement d'une session à une autre, et de tenir compte à ceux qui ont échoué à l'examen oral des parties pour lesquelles ils avaient obtenu une note satisfaisante, — rien n'étant plus décourageant pour les jeunes gens qu'un échec après un succès, et la dignité du jugement pouvant elle-même avoir à souffrir de cette sorte d'instabilité dans des décisions rendues à trois mois de distance[5].

(1) *Enquête*, lycée de Vanves, p. 713. = Collège de Barbezieux, p. 806 ; — Morlaix, p. 844.

(2) *Enquête*, lycée de Besançon, p. 55 ; — Montluçon, p. 186 ; — Charlemagne, p. 656 : « L'exclusion à l'examen écrit ne pourra être prononcée qu'à l'unanimité du jury » ; — Niort, p. 798 ; — Rodez, p. 876. = Collège de Beaume-les-Dames, p. 60 ; — Saint-Claude, p. 68 ; — Langres, p. 233 ; — Barbezieux, p. 805. = Faculté de droit de Nancy, p. 521.

(3) *Enquête*, lycée de Nîmes, p. 505 ; — Vanves, p. 714. = Collège de Cette, p. 507.

(4) *Enquête*, lycée de Nancy, p. 541 ; — Niort, p. 798. = Collège de Fontainebleau, p. 764 ; — Saint-Gaudens, p. 887.

(5) *Enquête*, faculté de droit de Bordeaux, p. 92 ; — des lettres de Bordeaux, p. 98 ; — des sciences de Lille, p. 281 : « A la condition que le candidat ait obtenu l'admissibilité sans note *mal*, et avec une note au moins supérieure à *passable* » ; — de droit de Paris, p. 610 ; — des lettres de Poitiers, p. 788 ; — de droit de Toulouse, p. 864. = Lycée d'Agen, p. 101 ; — Alençon, p. 141 : « A une certaine moyenne de notes » ; — Rouen, p. 156 ; — Chambéry, p. 172 ; — Montluçon, p. 184 ; — Louis-le-Grand, p. 701 : « Pour deux épreuves nouvelles » ; — Saint-Louis,

A-t-on bien calculé la charge que ferait peser sur les jurys la nécessité de procéder pour tous les candidats à un examen complet? Une échelle de points graduée comme pour un concours n'introduirait-elle pas un mécanisme bien compliqué dans des épreuves qui doivent rester simples? Les vrais coefficients n'existent-ils pas dans l'esprit même des juges, qui n'ont pas besoin de tarif pour apprécier l'importance proportionnelle des divers éléments de l'examen; et d'une façon générale est-il bon de traduire en opération mathématique ce qui doit être avant tout le résultat d'une impression morale, d'une impression d'ensemble? Des doutes sont exprimés sur ces différents points. Au contraire, on considère communément comme acceptable que l'admissibilité une fois obtenue, demeure acquise, non pour toujours, — cela pouvant ouvrir la porte aux abus de préparation, — non pas même pour une durée prolongée, mais de la session normale à la session de réparation, de juillet à octobre, la raison étant en cela d'accord avec la justice.

Les programmes. — Sur les programmes, les divergences sont sensibles. Généralement les lycées et les collèges ne répugnent pas à l'idée de voir ajouter de nouvelles matières à l'examen, tant écrit qu'oral, à l'examen écrit surtout : un thème latin, une version grecque, avec ou sans alternance avec la version latine, une composition spéciale de cosmographie, une composition d'histoire, un dessin, une épreuve de sciences au baccalauréat de rhétorique, une épreuve de composition française et même une épreuve de grec au baccalauréat ès sciences. La raison de ceux qui demandent ces extensions est que toutes les matières de l'enseignement doivent être l'objet d'un examen, d'un examen possible au moins, — le sort décidant la matière qui serait choisie, — sous peine de voir sacrifié par l'élève ce qui serait omis dans le programme. Leur

p. 707; — Vanves, p. 714 : «Pour un examen»; — Niort, p. 708; — Rodez, p. 876. — Collège de Digne, p. 34; — Grasse, p. 34; — Beaune, p. 230; — Dunkerque, p. 317 : «Pour la session suivante»; — Saint-Girons, p. 887 : «Pour la session suivante»; — Villefranche, p. 888. — Recteur de Bordeaux, p. 124 : «Jusqu'à la deuxième session suivante»; — Dijon, p. 256 : «A la condition que le candidat n'ait pas la note *mal* pour l'une des compositions»; — Douai, p. 347 : «Pendant le laps de deux années.»

Le Collège de Verdun, p. 256, se déclare formellement contraire.

intention, contrairement aux apparences, est de soulager le candidat, dont, à leur avis, les chances se multiplient avec le nombre des épreuves, en vertu du système des compensations[1]. Les facultés tendent plutôt à restreindre le programme, mais en enlevant au candidat le droit de diriger lui-même en partie son examen, c'est-à-dire de choisir les auteurs sur lesquels il désire être interrogé. La multiplicité des épreuves ne leur paraît ser-

[1] *Enquête*, lycée de Bastia, p. 22; — Besançon, p. 55; — Agen, p. 102; — Alençon, p. 141 (le dessin); — Coutances, p. 146; — le Mans, p. 154; — Rouen, p. 155 (les compositions occuperaient deux jours entiers); — le Puy, p. 188; — Chaumont, p. 220; — Sens, p. 227; — Charleville, p. 289; — Saint-Omer, p. 295 (questionnaire grammatical écrit); — Valenciennes, p. 300 (rétablissement de la composition latine); — Bourg, p. 420; — Nancy, p. 541; — Charlemagne, p. 657; — Condorcet, p. 662 (renforcer la partie littéraire du baccalauréat ès sciences); — Janson de Sailly, p. 674 et 686; — Vanves, p. 711; — Orléans, p. 733; — Reims, p. 746; — Poitiers, p. 798; — Niort, p. 798; — la Rochelle, p. 803 (interrogations sur les sciences à la première partie du baccalauréat ès lettres); — Tours, p. 805; — Angers, p. 825; — Brest, p. 826 (adjonction d'une épreuve scientifique au baccalauréat ès lettres et d'une composition française au baccalauréat ès sciences); — Lorient, p. 830 (exercice grec au baccalauréat ès lettres, composition française au baccalauréat ès sciences); — Nantes, p. 832; — Albi, p. 870 (examen scientifique au baccalauréat ès lettres); — Tarbes, p. 878 (version latine et version grecque aux épreuves écrites du baccalauréat ès lettres). — Collège d'Arbois, p. 58; — Libourne, p. 120; — Vire, p. 171; — Langres, p. 233; — Armentières, p. 302 (dessin facultatif); — Hazebrouk, p. 317; — Landrecies, p. 326; — le Quesnoy, p. 330; — Saint-Pol, p. 332; — Louhans, p. 439 (dessin); — Cette, p. 507 (l'examen oral du baccalauréat ès lettres comportera l'explication à livre ouvert d'un auteur grec facile); — Commercy, p. 542; — Pont-à-Mousson, p. 558 (fortifier les épreuves littéraires du baccalauréat ès sciences); — Remiremont, p. 559 (fortifier les épreuves littéraires du baccalauréat ès sciences); — Saint-Dié, p. 563 (fortifier les épreuves littéraires du baccalauréat ès sciences); — Toul, p. 565 (des notions de grec seraient exigées à l'examen oral pour le baccalauréat ès sciences); — Beauvais, p. 748; — Compiègne, p. 755 (composition française aux épreuves écrites du baccalauréat ès sciences); — Fontainebleau, p. 765; — Provins, p. 769 (adjonction d'une épreuve littéraire au baccalauréat ès sciences); — Meaux (adjonction d'une épreuve écrite en grec au baccalauréat ès lettres); — Lesneven, p. 841 (discours latin facultatif); — Quimper, p. 847; — Figeac, p. 884 (épreuve littéraire au baccalauréat ès sciences); — Foix, p. 884 (un thème latin au baccalauréat ès lettres, des épreuves littéraires au baccalauréat ès sciences); — Moissac, p. 886 (interrogation scientifique aux examens du baccalauréat ès lettres, 1re partie); — Saint-Gaudens, p. 887 (thème latin et interrogation scientifique au baccalauréat ès lettres, 1re partie); — Saint-Girons, p. 887 (épreuve de dessin); — Bône, p. 899. — Recteur de Chambéry, p. 177; — Dijon, p. 256; — Douai, p. 346; — Rennes, p. 853; — Alger, p. 903.

vir que les préparations superficielles. Elles tiennent moins à la représentation exacte et à la preuve faite, sur pièce déterminée, de toutes les connaissances acquises qu'au développement d'intelligence et à la culture générale du candidat; elles se préoccupent aussi de leur liberté d'appréciation que le système du programme restreint sauvegarde plus sûrement que celui du programme élargi[1]. On s'entend d'ailleurs pour souhaiter que l'enseignement et l'examen reposent exactement sur les mêmes bases, et que de l'un à l'autre il n'y ait pas, comme il arrive, discordance ou déviation[2].

Le jury. — Pour la composition du jury, l'idée d'adjoindre des professeurs de l'enseignement secondaire à ceux de l'enseignement supérieur est admise par une majorité importante, avec moins de

(1) *Enquête*, faculté des lettres de Caen, p. 136; — des sciences de Clermont, p. 178; — des lettres de Dijon, p. 214 (réunion de l'examen en une seule série d'épreuves : version latine et dissertation française, composition unique à l'écrit; suppression de l'explication latine à l'oral); — de droit de Douai, p. 268; — de droit de Grenoble (rapport de M. Fournier), p. 364; — des lettres de Grenoble, p. 372; — des lettres de Lyon, p. 416; — de droit de Nancy, p. 521; — des lettres de Nancy, p. 533; — de droit de Paris, p. 608; — des lettres de Paris, p. 645 : «Réduire les épreuves écrites à la version latine et à la dissertation philosophique; dans les épreuves orales, rattacher l'interrogation d'histoire littéraire à l'explication des auteurs; faire porter l'interrogation d'histoire et de géographie avant tout sur le programme des deux dernières années; et quant au reste, ne demander absolument aux candidats que ce que personne n'a le droit d'ignorer. Pour les explications de textes, rendre à l'examinateur toute liberté de choisir un auteur quelconque du programme des classes de rhétorique et de philosophie; fondre l'explication des auteurs philosophiques français avec l'interrogation sur l'histoire de la philosophie, et l'explication des auteurs philosophiques, grecs et latins avec l'explication des autres auteurs anciens»; — de droit de Poitiers, p. 781; — des sciences de Poitiers, p. 783; — des lettres de Poitiers, p. 787; — de droit de Toulouse, p. 863; — École de droit d'Alger, p. 889. = Lycée de Mont-de-Marsan, p. 107; — Valenciennes, p. 300; — Montpellier, p. 495; — Nancy, p. 533; — Charlemagne, p. 656 : «La composition dans les sciences portera toujours sur une question de cours; elle ne sera jamais un problème»; — Janson de Sailly, p. 674 : «Supprimer le choix de l'auteur pour les élèves»; — Versailles, p. 719 : «Alléger la partie scientifique du baccalauréat ès lettres»; — Alger, p. 896. = Collège de Blaye, p. 113; — Arras, p. 200; — Maubeuge, p. 328; — Loudun, p. 809. = Recteur de Bordeaux, p. 124; — Chambéry, p. 177; — Douai, p. 346; — Grenoble, p. 386; — Lyon, p. 445; — Alger, p. 903.

(2) *Enquête*, faculté de médecine de Nancy, p. 527. = Lycée de Rouen, p. 157; — Condorcet, p. 662. = Recteur de Grenoble, p. 385.

largeur toutefois et d'empressement, nous le savons, qu'elle ne semblait devoir l'être. De la part des facultés, c'est une concession : il pourra être fait appel aux professeurs des lycées, parfois, à titre d'aides temporaires, et sans que jamais ils priment par le nombre les membres des facultés : c'est ainsi qu'on formule la nouveauté. Le personnel de l'enseignement secondaire, qui l'accepta, met dans son acceptation la même réserve[1]. Certains

[1] *Enquête*, lycée d'Avignon, p. 171 — Toulon, p. 30; — Lons-le-Saunier, p. 56; — Vesoul, p. 58; — Bordeaux, p. 105; — Mont-de-Marsan; — Pau, p. 107; — Périgueux, p. 109; — Alençon, p. 141; — Caen, p. 142; — Coutances, p. 144; — Rouen, p. 158; — Argentan, p. 159; — Chambéry, p. 172; — Moulins, p. 186; — Aubusson, p. 189; — Chaumont, p. 219; — Troyes, p. 227; — Amiens, p. 288; — Charleville, p. 290; — Douai, p. 291; — Lille, p. 292; — Saint-Omer, p. 294; — Saint-Quentin, p. 298; — Valenciennes; — Grenoble, p. 375; — Lyon, p. 424; — Mâcon, p. 430; — Carcasonne, p. 484; — Nîmes, p. 504; — Bar-le-Duc, p. 538; — Nancy, p. 540; — Charlemagne, p. 654; — Condorcet, p. 662; — Henri IV, p. 671; — Janson de Sailly; — Louis-le-Grand, p. 700; — Saint-Louis, p. 703 (deux tiers); — Vanves, p. 710, 711. — Versailles, p. 717; — Bourges, p. 727; — Orléans, p. 736; — Vendôme, p. 747; — Angoulême, p. 789; — Châteauroux, p. 791; — Limoges, p. 794; — Poitiers, p. 796; — La Roche-sur-Yon, p. 803; — Angers, p. 824; — Laval, p. 828. — Nantes, p. 832; — Saint-Brieuc, p. 838; — Auch, p. 872; — Cahors, p. 873; — Montauban, p. 874; — Rodez, p. 875; — Alger, p. 897. — Constantine, p. 898. = Collège de Carpentras, p. 85; — Arbois, p. 50; — Luxeuil, p. 64; — Poligny, p. 67; — Salins, p. 68; — Blaye, p. 117; — Libourne, p. 118, 120; — Sarlat, p. 122; — Avranches, p. 185; — Flers, p. 168; — Honfleur, p. 169; — Annecy, p. 173; — Bonneville, p. 173; — Brioude, p. 194; — Aurillac, p. 191; — Mauriac, p. 196; — Tulle, p. 199; — Langres, p. 232; — Arras, p. 303; — Avesnes, p. 304; — Calais, p. 307; — Cambrai, p. 310; — Château-Thierry, p. 314; — Hazebrouk, p. 318; — Hesdin, p. 320; — la Fère, p. 323; — Laon, p. 327; — Maubeuge, p. 328; — le Quesnoy, p. 330; — Saint-Pol, p. 332; — Sedan, p. 336; — Gap, p. 380; — Valence, p. 381; — Vienne, p. 382; — Saint-Étienne, p. 431; — Autun, p. 434; — Roanne, p. 440; — Béziers, p. 506, 508; — Mende, p. 509; — Commercy, p. 542; — Épinal, p. 547; — Mirecourt, p. 553; — Neufchâteau, p. 556; — Remiremont, p. 559; — Saint-Dié, p. 562; — Verdun, p. 567; — Beauvais, p. 748; — Blois, p. 749; — Châlons-sur-Marne, p. 750; — Chateaudun, p. 754; — Coulommiers, p. 760; — Dreux, p. 761; — Melun, p. 766; — Montargis, p. 766; — Nogent-le-Rotrou, p. 773; — Meaux, p. 775, 776; — Barbezieux, p. 806; — Chinon, p. 807; — Loudun, p. 809; — Rochefort-sur-Mer, p. 810; — Saintes, p. 813; — Saint-Nazaire, p. 847; — Castelsarrasin, p. 882; — Castres, p. 883; — Condom, p. 884; — Revel, p. 886; — Villefranche, p. 888. = Cf. recteur de Chambéry, p. 174. = Faculté des lettres de Poitiers, p. 758.

collèges n'ont pas tout à fait autant de scrupules; ils se tailleraient volontiers une belle place. Quelques-uns seraient d'avis que tous les collèges fussent représentés dans les jurys afin de pouvoir surveiller les opérations[1]. Dans la pensée de plusieurs autres assemblées, c'est l'enseignement secondaire qui devrait avoir la prépondérance au sein des bureaux d'examen; c'est à lui qu'il serait raisonnable et juste de laisser le choix des sujets d'épreuves; au moins serait-il nécessaire que les textes furent discutés par le jury tout entier avant d'être proposés aux candidats[2]. Mais les professeurs de lycée se montrent plutôt embarrassés de l'honneur qui leur est fait ou que, pour se conformer à l'opinion courante, ils se résolvent à accepter. La question n'est point d'ailleurs de suivre leurs élèves, nous l'avons vu. Il ne s'agit que d'apporter aux jurys le tribut de leur expérience et de leurs lumières. Ainsi s'explique la formation d'une sorte de tiers parti qui ne veut pour juge ni de l'enseignement supérieur ni de l'enseignement secondaire, procédant isolément ou réunis dans un tribunal commun. L'appareil un peu idéal que les auteurs de la proposition conçoivent est celui de commissions régionales ou départementales, indépendantes de l'un et de l'autre ordre, y tenant par leurs grades mais non par leurs fonctions, une commission de professeurs en inactivité, en congé, en retraite, placés hors cadre par avancement et en vue de ce service propre : des irréguliers, des émérites, des consulaires[3].

En dernière analyse cependant, le plus grand nombre des suffrages se rallient à l'idée d'un jury composé de professeurs de l'enseignement supérieur et de professeurs de l'enseignement secondaire. Mais la donnée théorique établie, les points d'interrogation se posent sur les conditions de la mise en pratique. Que dans tous les cas la présidence du bureau appartienne à l'enseignement supérieur, cela ne fait point difficulté. Mais quel sera le nombre total des représentants de l'enseignement supérieur?

[1] *Enquête*, collège de Condom, p. 884.

[2] *Enquête*, lycée de Nîmes, p. 505. — Collège de Vienne, p. 382; — Saint-Dié, p. 563.

[3] *Enquête*, lycée de Chambéry, p. 172; — Guéret, p. 184; — Nevers, p. 215; — Sens, p. 225; — Saint-Louis, p. 704; — Orléans, p. 736; — Limoges, p. 794; — Tours, p. 804; — Laval, p. 828; — Lorient, p. 829; — Montauban, p. 874. — Cf. lycée Louis-le-Grand, p. 699. — Collège Rollin, p. 723; — Épinal, p. 544; — Fontainebleau, p. 764; — Saint-Servan, p. 848. — Recteur de Montpellier, p. 511.

Deux sur trois? trois sur cinq? Suffira-t-il d'exiger le titre d'agrégé ou de licencié? et n'y aura-t-il pas lieu de demander en outre une expérience professinonelle de quelque durée? La fonction sera-t-elle permanente ou temporaire? Dans ce dernier cas, combien de temps vaudra-t-elle? trois ou six ans? Le choix des délégués se fera-t-il par l'élection, par le sort ou par une décision de l'autorité supérieure? Où sera le siège des opérations? à la faculté, au chef-lieu du département, dans chaque établissement? Les professeurs de l'enseignement supérieur pourront-ils se prêter à cette fonction ambulatoire? Encore leurs cours sont-ils suspendus d'ordinaire durant les sessions. Mais qui pourvoira au service des professeurs de l'enseignement secondaire pendant leur absence? Il n'y faudra rien moins qu'une légion de suppléants. Or a-t-on prévu les dépenses résultant de cette organisation? Aujourd'hui les examens font partie du service des facultés. C'est tout un budget qu'il sera nécessaire de constituer pour indemniser les titulaires de l'enseignement secondaire délégués et rétribuer leurs suppléants : deux ou trois cents personnes au moins, et qui naturellement seraient à choisir parmi les plus autorisées[1]. Ajoutez que ces maîtres manqueront à leurs classes quand ils y seraient le plus utiles, au commencement et à la fin de l'année scolaire, juste au moment de donner l'élan aux premiers efforts ou de consacrer les résultats acquis. De prendre pour cette collaboration des professeurs hors de fonctions, on n'y peut guère songer. Pour éclairer le jury il ne saurait suffire d'avoir appartenu à l'enseignement secondaire : les procédés d'enseignement se renouvelant, les programmes se modifiant, il faut ne pas avoir cessé d'y appartenir. On essaye de tout concilier, il est vrai, en proposant de faire les examens pendant les vacances[2] ; mais quel est le corps qui résisterait à ce régime? Ainsi, à quelque parti que l'on s'arrête, on se heurte à des embarras graves. En préconisant chacune leur mode, les diverses assemblées sont naturellement induites à attaquer le mode qu'elles ne préfèrent pas, et il n'en est pas un qui échappe à la critique[3]. Quelques indications toutefois

(1) *Enquête*, lycée Louis-le-Grand, p. 699.

(2) *Enquête*, lycée d'Alger, p. 897.

(3) *Enquête*, faculté des lettres de Douai, p. 283; — de droit de Nancy, p. 517; — de théologie protestante de Paris, p. 574. — Lycée d'Avignon, p. 191; — Montpellier, p. 491; — Henri IV, p. 667; — Louis-le-Grand, p. 700; — Nantes,

méritent d'être relevées, parce qu'elles ont réuni la grande majorité des suffrages. On ne croit pas bon que le candidat soit libre de se présenter où il lui plaît et de changer de juge après un insuccès; on voudrait l'obliger à prendre le grade dans le ressort où il a fait ses études et à réparer son échec devant le jury devant lequel il l'a subi [1].

Les modifications de fond. — Les modifications de fond comprennent la refonte de l'économie générale des divers baccalauréats; l'organisation d'un système d'examens de passage devenant la base et la condition de l'examen terminal, la création d'un baccalauréat élémentaire commun et de baccalauréats supérieurs répondant aux besoins divers de la science et de l'enseignement.

La refonte de l'économie générale des baccalauréats. — La question de la refonte de l'économie générale des baccalauréats a été déjà indirectement mise à l'étude à l'occasion de la discussion du baccalauréat ès sciences restreint [2]; les esprits étaient donc préparés par les délibérations antérieures des assemblées de professeurs et par la presse scolaire.

Les conclusions des facultés. — Dans l'enseignement supérieur, chaque faculté s'est placée plus particulièrement au point de vue des intérêts qu'elle représente.

Les facultés de droit. — Les facultés de droit, qui ont surtout besoin de trouver chez leurs élèves une culture générale étendue et ferme, seraient disposées à ramener tous les baccalauréats à un seul, le baccalauréat classique proprement dit ou baccalauréat ès lettres, en le dégageant d'un certain nombre de matières scientifiques et en fortifiant l'élément littéraire; les autres diplômes n'au-

p. 833. — Collège de Lunéville, p. 550; — Châlons-sur-Marne, p. 750. — Recteur de Dijon, p. 246.

(1) *Enquête*, faculté des sciences de Montpellier, p. 461; — des lettres de Nancy, p. 535; — des sciences de Paris, p. 636; — des lettres de Paris, p. 643. — La faculté des sciences de Paris demande, en outre, que les notes obtenues dans chaque matière soient consignées sur le diplôme. — Même vœu au lycée de Chambéry, p. 172. — Le lycée de Vanves est d'un avis contraire, p. 711.

(2) *Enquêtes relatives à l'enseignement supérieur*, fascicule II : le baccalauréat ès sciences restreint.

raient plus, sans qu'il dût en résulter d'ailleurs aucune pensée de dépréciation, que la valeur d'un témoignage d'instruction complémentaire[1]. Cette proposition émane de la faculté de Paris, qui lui a donné une forme très nette. Elle n'est dans les autres ni appuyée ni combattue formellement; mais le sentiment général lui est favorable : on se refuse à considérer le baccalauréat ès sciences comme équivalent du baccalauréat ès lettres pour les études juridiques; on voudrait même proscrire toute possibilité d'exception[2].

L'idée est énergiquement partagée par la faculté de théologie protestante de Paris, en ce sens que, comme base de l'examen intérieur qu'elle défend, elle réclame un fonds d'éducation unique, mais avec cette différence que les sciences et les lettres y soient représentées presque à part égale, comme dans le plan d'études de 1880[3].

Les facultés des lettres. — Les facultés des lettres s'accordent avec les facultés de droit pour désirer que le baccalauréat prenne un caractère plus littéraire; elles renvoient le contrôle de l'instruction scientifique à deux baccalauréats spéciaux : baccalauréat mathématique, baccalauréat physique, lesquels permettraient de supprimer le baccalauréat restreint. Elles seraient d'avis, en outre, que les deux examens de rhétorique et de philosophie fussent ramenés comme autrefois à un seul, placé à l'issue de la dernière année de scolarité[4]. Elles souhaiteraient enfin, et c'est un vœu qui a

[1] *Enquête*, faculté de droit de Paris, p. 600; — des sciences de Dijon, p. 209; — des lettres de Douai, p. 284; — de médecine et de pharmacie de Lyon, p. 412; — des lettres de Montpellier, p. 477; — des sciences de Poitiers, p. 783; — des lettres de Poitiers, p. 788; — de théologie protestante de Montauban, p. 857. — Lycée d'Évreux, p. 153; — Pontivy, p. 836; — Reims, p. 837. — Collège de Langres, p. 231; — Pontarlier, p. 617; — Nogent-le-Rotrou, p. 771; — Saint-Servan, p. 848; — Philippeville, p. 901. — Recteur de Besançon, p. 72.

[2] *Enquête*, faculté de droit de Dijon, p. 204; — de Grenoble (rapport de M. Tartari), p. 358; — de Paris, p. 619. — La faculté de droit de Nancy exprime un avis contraire, p. 519.

[3] *Enquête*, p. 575.

[4] *Enquête*, faculté des lettres de Besançon, p. 48; — Clermont, p. 180; — Dijon, p. 214; — Montpellier, p. 477; — Nancy, p. 533; — Paris, p. 639; — Poitiers, 788; — Toulouse, p. 867. — Cf. faculté de droit de Caen, p. 130; — de droit de Grenoble (rapport de M. Fournier), p. 363; — de droit de Montpel-

trouvé des appuis[1], que la possession du baccalauréat ès lettres fût la condition préalable de l'inscription pour tout autre baccalauréat.

Les facultés de médecine. — Cette condition est très explicitement adoptée par les facultés de médecine. Ce qu'elles mettent de plus en lumière, c'est la nécessité de supprimer le baccalauréat restreint créé pour elles, mais qui ne leur offre pas de gages suffisants, et d'instituer un baccalauréat ès sciences physiques et naturelles dont le programme, préparé sous leur direction, leur soit une véritable garantie : l'opinion sur ce point est unanime.

Les facultés des sciences et les écoles supérieures. — Les facultés des sciences et les écoles supérieures ne s'expliquent point sur le baccalauréat ès lettres, mais elles sont prêtes à sacrifier le baccalauréat restreint. La faculté de Paris accepte un examen de baccalauréat ès sciences conforme dans ses bases générales à l'examen actuel et embrassant avec une partie littéraire les éléments de toutes les sciences; mais elle provoque en outre la création de deux baccalauréats supérieurs portant, l'un sur les sciences mathématiques, l'autre sur les sciences physiques et naturelles, et donnant lieu à des diplômes distincts[2]. C'est également la proposition de Lille[3]. Dans une combinaison qui se rapproche de cette

lier, p. 451; — de droit de Nancy, p. 520; — de droit de Toulouse, p. 863; — école de droit d'Alger, p. 889; — faculté de médecine de Nancy, p. 528; — de Lyon, p. 406; — des sciences de Clermont, p. 178; — des sciences de Poitiers, p. 784; — des sciences de Toulouse, p. 865; — de théologie protestante de Montauban, p. 857. — Lycée de Besançon, p. 54; — Évreux, p. 151; — Saint-Omer, p. 295, demande que la première partie du baccalauréat ès lettres ne confère plus aucun droit; — Versailles, p. 719; — la Roche-sur-Yon, p. 803. — Collège d'Arles, p. 33; — Luxeuil, p. 64; — Salins, p. 68; — Blaye, p. 113; — Marmande, p. 122; — Avranches, p. 161; — Dieppe, p. 165; — Aurillac, p. 191; — Nantua, p. 439; — Béziers, p. 506; — Cette, p. 508; — Lunéville, p. 549; — Saintes, p. 811. — Recteur de Besançon, p. 74; — Bordeaux, p. 124; Douai, p. 345; — Montpellier, p. 512; — Nancy, p. 576; — Poitiers, p. 816; Rennes, p. 841.

(1) *Enquête*, lycée de Limoges, p. 795. — Recteur de Chambéry, p. 174. — Quelques établissements exigeraient seulement la première partie du baccalauréat ès lettres : lycée d'Avignon, p. 21; — Toulouse, p. 377; — Niort, p. 798.

(2) *Enquête*, p. 634.

(3) *Enquête*, p. 281.

conception, Besançon [1], Caen [2], Clermont [3] demandent trois baccalauréats correspondant chacun aux trois ordres de licence. Deux diplômes suffiraient, de l'avis de Montpellier [4], Rennes [5] et Toulouse [6], celui des sciences mathématiques proprement dites et celui des sciences physiques et naturelles.

Les conclusions des lycées et collèges. — Dans les lycées et les collèges, nul, sauf à Cassel [7] et à Toul [8], n'a défendu le baccalauréat ès sciences restreint; on le verrait sans regret remplacé par le baccalauréat ès sciences physiques et naturelles. Un bon nombre vont au-devant de l'institution d'un baccalauréat ès sciences mathématiques comme couronnement de la classe de mathématiques spéciales; quelques-uns seulement l'écartent par omission ou, après discussion, la repoussent. On considère que les deux examens s'ajusteraient l'un et l'autre à des cours existants et entreraient en quelque sorte dans les cadres [9].

Le maintien de l'examen scindé au baccalauréat ès lettres est plus discuté. Les adversaires de la scission opérée en 1874 objectent qu'elle fait entrer l'élève plus tôt dans les préoccupations étroites et les agitations fiévreuses de la préparation; que la rhétorique, qui était par excellence la classe des études affranchies,

(1) *Enquête*, p. 47.
(2) *Enquête*, p. 134.
(3) *Enquête*, p. 178.
(4) *Enquête*, p. 456.
(5) *Enquête*, p. 718.
(6) *Enquête*, p. 865. — *Cf.* lycée de Lorient, p. 831. = Recteur d'Aix, p. 41; — de Clermont, p. 203; — Dijon, p. 256; — Montpellier, p. 512. — Pour l'opinion contraire, voir le rapport du recteur de Douai qui propose de réduire le nombre des baccalauréats et de fondre le baccalauréat ès sciences avec le baccalauréat d'enseignement spécial, p. 344, 345 : «Il est logique que le baccalauréat spécial prenne la place du baccalauréat ès sciences; qu'il lui emprunte son programme et même son nom ou un nom voisin, celui du baccalauréat ès sciences appliquées, par exemple.» — *Cf.* faculté des sciences de Poitiers, p. 783-785; — des sciences de Rennes, p. 818.
(7) *Enquête*, p. 311.
(8) *Enquête*, p. 565.
(9) *Enquête*, lycée de Moulins, p. 187; — Saint-Omer, p. 297; — Louis-le-Grand, p. 702; — Saint-Louis, p. 703; — Vanves, p. 714; — Orléans, p. 733; — Montauban, p. 873. = Collège de Saumur, p. 849. = Au collège Rollin, la majorité s'est prononcée contre la création d'un baccalauréat de mathématiques spéciales; p. 722.

des grandes lectures, « des longs espoirs et des vastes pensées », se trouve réduite à des exercices rapprochés, par leur caractère, leur forme et leurs proportions, des compositions de combat; qu'aux volontaires de la vétérance, qui tenaient la tête et redoublaient pour confirmer de fortes études, ont succédé les vétérans par contrainte, qui se traînent pêle-mêle à la queue s'ingéniant à combler les lacunes de leur instruction rudimentaire. Ils ajoutent que, la première partie du baccalauréat suffisant pour assurer certains avantages, un grand nombre d'élèves passent de rhétorique en mathématiques et échappent ainsi à l'enseignement de la philosophie[1]. A ces critiques, la réponse est que, si ces désertions sont regrettables, elles sont peu nombreuses, tandis que l'obstacle placé au seuil de la philosophie fortifie le recrutement de cette classe si importante; que les bons élèves ne cèdent pas plus en rhétorique qu'en philosophie à l'appréhension de l'examen; que les élèves médiocres qui travaillent en vue du diplôme sont encore pour la marche générale des études un empêchement moins redoutable que ceux qui ne travaillent pas du tout, et que pour ceux-là même enfin c'est un bien que la menace prochaine de l'examen les fasse partir un an plus tôt[2].

Quant à la fusion du baccalauréat ès lettres et du baccalauréat ès sciences en un baccalauréat unique, ou à l'exigence du baccalauréat ès lettres pour l'inscription au baccalauréat ès sciences, on en repousse le vœu. On fait valoir la variété naturelle des aptitudes, que nul ne saurait forcer sans violenter la nature, et la nécessité d'ouvrir l'accès des carrières diverses. On reconnaît le besoin d'assurer la culture littéraire au baccalauréat ès sciences; mais cette culture n'est-elle pas déjà assez représentée par l'étude des langues, pour que, sous ce contrôle qui prévient les spécialisations prématurées, on laisse les esprits suivre leur voie? Le recrutement des grandes écoles souffrirait d'un régime trop exclusif. Il suffit d'encourager ceux qui en ont à la fois le goût et le loisir à conquérir successivement les deux diplômes[3].

[1] *Enquête*, lycée de Versailles, p. 718; — Orléans, p. 732. — Collège de Lunéville, p. 549. — Cf. faculté de droit de Bordeaux, p. 91; — de droit de Montpellier, p. 450; — de droit de Paris, p. 606; — des lettres de Rennes, p. 821.

[2] *Enquête*, lycée de Belfort, p. 52; — Rouen, p. 156; — Clermont, p. 182; — Louis-le-Grand, p. 701; — Albi, p. 869; — Toulouse, p. 879; — Alger, p. 896. — Collège Rollin, p. 722; — Dinan, p. 839.

[3] *Enquête*, faculté de droit de Bordeaux, p. 92; — des sciences de Poitiers,

Les propositions nouvelles. — Toutes ces conclusions se rattachent plus ou moins à des idées qui sont en cours. Voici des propositions d'un caractère plus nouveau.

La série des examens de passage remplaçant ou préparant l'examen final du baccalauréat. — Il n'est presque pas de délibération où la question des examens de passage ne tienne une place considérable. Actuellement dans les établissements où le règlement est observé, les juges sont le professeur de la classe dont sort l'élève et celui de la classe où il va entrer, sauf en septième et en quatrième, où, en raison de l'importance de l'épreuve qui clôt une période d'études, le proviseur et le censeur dirigent l'examen. Dans un certain nombre de résolutions, il s'agirait d'instituer soit pour toutes les classes, soit au moins pour les classes supérieures, une commission spéciale, composée mi-partie de professeurs de l'établissement, mi-partie de professeurs étrangers, et présidée par l'inspecteur d'académie ou par un délégué du Ministre; cette commission, à la suite d'une double série d'épreuves, épreuves écrites et épreuves orales, procéderait, comme au baccalauréat, à des éliminations sévères [1].

p. 783. = Lycée de Dijon, p. 222; — Condorcet, p. 600; — Henri IV, p. 671; — Vanves, p. 711; — Orléans, p. 735; — Angoulême, p. 789; — Limoges, p. 796; — Pontivy, p. 833; — Alger, p. 896. = Collège Saint-Claude, p. 68; — Avranches, p. 161; — Brioude, p. 194; — Rollin, p. 721; — Saintes, p. 811; — Dinan, p. 839; — Quimper, p. 846. = Recteur de Dijon, p. 251. = Quelques établissements demandent que le baccalauréat ès sciences soit scindé comme le baccalauréat ès lettres: lycée de Bastia, p. 22; — Bayonne, p. 103; — Mâcon, p. 430; — Tarbes, p. 876. = Collège du Cateau, p. 312; — Hazebrouck, p. 318; — Blois, p. 749.

[1] *Enquête*, faculté des lettres d'Aix, p. 14; — de droit de Lyon, p. 393; — de médecine de Montpellier, p. 453; — de théologie protestante de Paris, p. 578; — de théologie protestante de Montauban, p. 857; — des lettres de Rennes, p. 536. = École supérieure de médecine et de pharmacie de Nancy, p. 536. = Lycée d'Évreux, p. 148; — Aubusson, p. 189; — Saint-Omer, p. 294; — Janson de Sailly, p. 673, 680; — Bourges, p. 726; — Reims, p. 743; — la Rochelle, p. 800 (le système n'a pas prévalu, mais il a été fortement soutenu); — Angers, p. 824; — Constantine, p. 897. = Collège de Vienne, p. 67; — Bergerac, p. 112; — Blaye, p. 113; — Libourne, p. 119: «Toutefois l'élève qui aura passé deux années dans la même classe sera admis de droit dans la classe qui suit immédiatement»; — Armentières, p. 302; — Calais, p. 314; — Dunkerque, p. 316; — la Fère, p. 322; — Vienne, p. 382: «Les jeunes gens qui appartiennent aux institutions libres seront autorisés à se sou-

Plusieurs assemblées font leurs réserves sur les dangers de cette application extrême. Il leur paraît sinon impossible, du moins bien difficile de concilier l'intérêt de l'enseignement qui serait de tout sacrifier à la qualité des élèves avec l'intérêt des finances qui est d'assurer la quantité, surtout dans les collèges, où la diminution de l'effectif se traduit pour le budget municipal en une diminution de recettes. Si au Prytanée de la Flèche on peut se passer d'indulgence, c'est que, tous les élèves étant en possession d'une bourse, l'État n'a aucun avantage à garder les incapables ou les paresseux. À quoi partout ailleurs, dans notre organisation d'études, la sévérité sans mesure servirait-elle, sinon à grossir les rangs des écoles libres? À moins qu'on n'entendît soumettre les écoles libres au même régime : ce qui suppose leur assentiment, qui est peu probable, ou la violation d'un droit[1]. Que d'injustice aussi dans l'excès de rigueur! Les enfants ne sont pas toujours coupables de leurs faiblesses : la maladie, une croissance trop prompte, un malheur de famille, une mauvaise direction peuvent faire perdre une année entière; dans une même classe, suivant le professeur, le nombre des élèves laborieux varie du simple au double; de huit à quinze ans, rien n'est définitif, rien n'est irrépa-

mettre à ces examens de passage devant les commissions des lycées et collèges, ou bien ils pourront les remplacer par un examen unique, trois mois avant les épreuves de baccalauréat, portant sur les matières des examens de passage de toutes les classes et subis devant le jury chargé de faire passer le baccalauréat»; — Commercy, p. 541; — Épinal, p. 546; — Lunéville, p. 551; — Neufchâteau, p. 557; — Verdun, p. 567 (pour les écoles libres, même système qu'à Vienne); — Blois, p. 749; — Châlons-sur-Marne, p. 750; — Provins. p. 767 et 768; «Le certificat des examens de passage successifs remplacera les diplômes des baccalauréats et conférera les mêmes droits.» — Meaux, p. 777; — Chatellerault, p. 806; — Chinon, p. 807; — Fontenay-le-Comte, p. 808; — Rochefort-sur-mer, p. 809; — la Rochefoucauld, p. 811; — Saint-Jean-d'Angely, p. 814; — Lesneven, p. 840; — Morlaix, p. 842; — Quimper, p. 844; — Saumur, p. 849; — Vannes, p. 850; — Bagnères, p. 882; — Castelsarrasin, p. 882; — Castres, p. 883; — Condom, p. 883; — Foix, p. 885; — Gaillac, p. 885; — Milhau, p. 885; — Pamiers, p. 886; — Vic-en-Bigorre, p. 887; — Bône, p. 899.

[1] *Enquête*, faculté de théologie protestante de Montauban, p. 856. — Lycée Janson de Sailly, p. 682. Le proviseur propose que les écoles libres fournissent un ensemble de renseignements d'une valeur équivalente aux certificats des examens de passage : notes, places, etc., pendant les trois dernières années. — Collège de Blaye, p. 118; — Provins, p. 769; — Saintes, p. 812; — Lesneven, p. 841; — Saumur, p. 849; — Vannes, p. 850.

rable : il y a des esprits lents qui se développent, des indifférents qui se laissent prendre, des entêtés qui arrivent à s'attacher au travail comme ils s'étaient obstinés à la négligence. Supposons des intelligences rebelles, des caractères irréductibles : ne vaut-il pas mieux laisser ces épaves s'en aller à la dérive et s'échouer où elles pourront que de les retenir à des barrières artificielles, et de les accumuler au milieu de leurs condisciples plus jeunes, sauf à les gâter? Même pour les meilleurs, quels ne seraient pas les inconvénients de cette série de baccalauréats, petits et grands, subis sans interruption de la huitième à la philosophie? Cette incessante préoccupation d'examens annuellement renouvelés exalte le système nerveux; il n'est pas pour l'éducation intellectuelle et physique d'hygiène plus redoutable : il faut à la jeunesse une atmosphère d'étude calme et sereine; un peu d'insouciance ne nuit pas[1].

Nul ne se méprend sur la portée de ces observations. Mais l'exagération même de la discipline que l'on voudrait faire prévaloir indique combien est vive dans certains esprits la réaction contre la forme d'épreuves qui remet au sort d'une journée toute la destinée de l'écolier. C'est sa vie entière qu'on demande à appeler en témoignage. La succession des examens intérieurs subis devant une commission composée de professeurs appartenant ou étrangers à l'établissement semble la garantie des résultats acquis la plus équitable et la plus éclairée. Une fois entré dans cette voie, on sacrifie, sans compter, à la logique : dans certains systèmes, au terme des classes, les certificats de passage délivrés par le jury seraient transmis par le recteur au Ministre de l'instruction publique, qui les convertirait en un certificat d'études secondaires[2]. Bien plus, quelques-uns proposent de conférer le diplôme de bachelier aux élèves qui seraient arrivés d'examen en examen jusqu'à la philosophie sans sortir du premier quart de leur classe, ou qui

[1] *Enquête*, faculté des lettres de Bordeaux, p. 97; — de médecine et de pharmacie de Lyon, p. 408 et 412; — des lettres de Lyon, p. 415; — de droit de Montpellier, p. 449; — des lettres de Montpellier, p. 466; — école de droit d'Alger, p. 839. = Lycée d'Amiens, p. 288; — Carcassonne, p. 486; — Tours, p. 805; — Toulouse, p. 879. = Collège de Luxeuil, p. 64; — Perpignan, p. 510; — Épernay, p. 763; — Meaux, p. 777. = Recteur de Dijon, p. 251; — Poitiers, p. 817; — Rennes, p. 851; — Alger, p. 904.

[2] *Enquête*, collège de Poligny, p. 67; — Blaye, p. 117; — Langres, p. 232; — Gap, 379; — Valence, p. 380; — Quimper, p. 844 et 845.

pendant les quatre dernières années auraient constamment figuré dans les nominations de l'excellence [1]. Un plus grand nombre désirerait simplement que les examens de passage subis avec succès, de quatrième en troisième et de seconde en rhétorique, devinssent une condition préalable à l'obtention du diplôme, de façon qu'en réalité le baccalauréat fût subi en deux ou trois fois [2]. En résumé, l'objet commun de toutes les combinaisons, des plus sages comme des plus hardies, c'est la nécessité de tenir des études antérieures un compte sérieux et d'opérer, par des examens de passage plus ou moins radicaux, une intelligente sélection.

La substitution au diplôme du baccalauréat d'un certificat d'études secondaires dépouillé de tout privilège. — Ce besoin se manifeste par un autre groupe de résolutions qui vont plus à fond. Frappées de l'inconvénient des études poursuivies en vue d'un profit immédiat, quelques assemblées seraient d'avis de substituer au baccalauréat un simple certificat d'études secondaires dépouillé complètement ou en partie des privilèges sociaux attachés au diplôme. À chaque faculté, à chaque administration, à chaque corps de reconnaître les siens. Ce système a été particulièrement soutenu au collège d'Auxerre et au lycée de Montpellier. A Auxerre, la proposition est de délivrer des certificats pour chacune des branches de l'enseignement aux élèves qui auront suivi pendant les trois dernières années d'études les cours des lycées et collèges

[1] *Enquête*, école supérieure de pharmacie de Montpellier, p. 481; — faculté de droit de Toulouse, p. 860. = Lycée de Bourg, p. 419; — Saint-Brieuc, p. 838.

[2] *Enquête*, lycée de Toulon, p. 32; — Coutances, p. 143; — Évreux, p. 148 à 151; — Saint-Étienne, p. 432; — Carcassonne, p. 486; — Lorient, p. 830. = Collège de Carpentras, p. 36; — Arbois, p. 58; — Luxeuil, p. 64; — Montbéliard, p. 66; — Villeneuve-sur-Lot, p. 123 et 124; — Bayeux, p. 161; — Dieppe, p. 164; — Saint-Flour, p. 197; — Armentières, p. 302; — Calais, p. 307; — Château-Thierry, p. 313 et 314; — la Fère, p. 322; — Saint-Amand, p. 331; — Sedan, p. 333. = Voir faculté de droit de Bordeaux, p. 85 et 86; — école préparatoire de médecine et de pharmacie de Grenoble, p. 373. = Recteur de Bordeaux, p. 124; — Chambéry, p. 174 à 176. — Dans une sorte de contre-projet opposé au projet de M. Marcou sur le rétablissement du certificat d'études, M. Alfred Mézières proposait que les élèves des établissements universitaires ou assimilés, qui avaient satisfait aux examens de passage depuis la quatrième inclusivement, fussent dispensés des épreuves écrites du baccalauréat.

de plein exercice. Cette délivrance serait faite sur le vu des notes et récompenses méritées pendant la même période, et d'après les résultats d'un examen final subi devant un jury étranger à l'établissement. Les certificats ne seraient pas obligatoires pour l'inscription aux facultés de droit et de médecine ou aux diverses licences. Les avantages qui pourraient leur être attribués seraient déterminés par décret[1]. Dans la pensée des professeurs de Montpellier, il n'y aurait même pas d'examen : le certificat serait accordé d'après les notes des trois dernières années d'études et il n'assurerait d'autre droit que celui de se présenter aux examens de faculté et à certains examens professionnels. Aucun inconvénient dès lors à laisser tous les établissements, les colléges comme les lycées, les écoles libres comme les écoles publiques, distribuer cette pièce. Mais quelle en serait la valeur? On ne se dissimule pas qu'elle pourrait être fort inégale, peut-être nulle. On s'en remet aux garanties spéciales qu'exigeraient les facultés et les administrations intéressées, et l'on se place ainsi sous le coup des objections faites aux examens de carrière[2].

La création d'un baccalauréat élémentaire commun et de baccalauréats supérieurs répondant aux divers besoins de la science et de l'enseignement. — A la suppression du baccalauréat d'autres opposent l'institution de divers degrés de baccalauréat. C'est l'observation unanime des facultés que, trop souvent chez les élèves qu'elles reçoivent la culture générale fait défaut[3], et les lycées ne disconviennent

[1] *Enquête*, p. 215.

[2] *Enquête*, p. 498 et suiv. — Voir dans la *Critique philosophique* les articles de M. Renouvier, novembre et décembre 1877.

[3] Ici encore, en raison de l'importance de la question, nous devons citer le texte même des observations des facultés; nous ne prendrons que les plus expressives. Il faut d'ailleurs ajouter que ces observations ne datent pas d'hier.

«Nous n'en devons pas moins constater que les bacheliers qui abordent l'enseignement supérieur n'y arrivent pas, en général, suffisamment préparés. D'un côté, ils ne possèdent pas toujours les notions préliminaires qui leur seraient indispensables; le complément de leur préparation scientifique absorbe ainsi un temps précieux qui devrait être exclusivement consacré à des études d'enseignement supérieur. D'un autre côté, et sans que nous voulions en rechercher ici le motif, nos bacheliers ne possèdent pas le plus souvent ces qualités de spontanéité, cette manière de penser en quelque sorte indépendante, qui doivent distinguer les élèves de l'enseignement supérieur. Nous l'avons déjà dit, nous avons à déplorer chez les étudiants qui entrent dans nos facultés beaucoup d'incertitude dans les connaissances

pas que la préparation qu'ils donnent peut être effectivement in-

essentielles, une regrettable ignorance de l'histoire; nous faisons en vain appel à leur activité personnelle, nous relevons tous ces défauts d'initiative contre lesquels nous nous efforçons de réagir.» (Faculté de droit de Bordeaux, p. 77, 78.)

«Il serait très désirable qu'il fût institué un grade littéraire et un grade scientifique intermédiaire entre les baccalauréats et les licences actuels, attestant une capacité et des connaissances suffisantes pour aborder avec fruit les études faisant l'objet de l'enseignement supérieur.» (Faculté des sciences de Bordeaux, p. 93.)

«On est ainsi conduit à proposer d'établir des examens spéciaux à l'entrée des facultés et des carrières publiques. L'idée n'est pas à dédaigner. De tels examens s'ajouteraient parfois utilement à l'examen de fin d'études : la faculté ne pense pas qu'ils puissent le remplacer. La faculté constate que de nombreux étudiants, quoique bacheliers, ont grand'peine à comprendre un texte latin de difficulté moyenne, par exemple un texte de Gaïus ou de Justinien.» (Faculté de droit de Caen, p. 128, 129.)

«Il faut bien reconnaître, en effet, que les candidats, tels que nous les voyons à chaque session d'examens, laissent beaucoup à désirer; l'ensemble de leurs connaissances ne dépasse pas un niveau moyen bien modeste.» (Faculté des sciences de Caen, p. 131.)

«Que deviendraient les études classiques, si elles n'avaient plus la sanction du baccalauréat, lorsque chaque année la faculté constate de plus en plus la faiblesse extrême des candidats, incapables le plus souvent de traduire un texte des *Institutes* ou du *Digeste!*» (Faculté de droit de Dijon, p. 204.)

«La faculté déplore depuis quelques années dans ses rapports officiels l'abaissement du niveau des études classiques. Elle constate chez la plupart des bacheliers qui entreprennent l'étude de la science juridique une grande difficulté pour lire les textes de droit romain, une ignorance presque absolue de l'art de la composition et du style, un manque général de connaissances historiques.» (Faculté de droit de Douai, p. 267.)

«L'abaissement des études littéraires et par suite celui de la culture générale qu'elles donnent à l'esprit sont des faits trop certains qui vont s'aggravant chaque jour. Il est incontestable, d'autre part, que les besoins de l'époque rendent chaque jour plus nécessaire l'extension des études positives et pratiques. Si l'on ne veut pas, en conséquence, que les études littéraires meurent avant peu de consomption, il faut trancher dans le vif, en faire résolument l'apanage d'une petite élite.» (Faculté des lettres de Douai, p. 285.)

«Lorsque l'étudiant arrive à la faculté de droit, il est fort empêché de traduire couramment le texte le plus élémentaire de droit romain, et son ignorance presque complète de l'histoire générale lui interdit de pouvoir comprendre le développement des institutions juridiques qui lui sont exposées. Ce n'est pas une exagération de dire que la majorité des étudiants de première année n'est pas capable d'expliquer correctement le latin, pourtant très simple, des *Commentaires* de Gaïus; les passages juridiques de Cicéron leur demeurent lettre close. Quant à l'histoire, en dépit des exigences des programmes du baccalauréat, il n'est que trop facile de s'assurer que beaucoup d'étudiants n'en connaissent guère les grandes lignes : ils ne peuvent donc retirer aucun fruit de l'enseignement du droit romain et de l'histoire du droit

suffisante. Mais quel sera le remède? On croit le trouver dans la

qui leur est présenté dès le début de leurs études juridiques.» (Faculté de droit de Grenoble, p. 353-360.)

«Pour parler seulement des notions historiques élémentaires indispensables à l'intelligence de l'histoire du droit, nous constatons fréquemment chez un grand nombre d'étudiants une manifeste insuffisance de savoir.» (Faculté de droit de Lyon, p. 392.)

«La faculté mixte de médecine et de pharmacie de Lyon demande un examen d'entrée spécial (p. 410-413). De même la faculté des sciences, p. 414.

«La faculté des lettres, très préoccupée de maintenir et même d'élever le niveau des études classiques, pense que les études gagneraient à être envahies par un moins grand nombre d'élèves qui y cherchent moins une culture élevée qu'un grade devenu à la fois indispensable et banal. Un examen d'entrée à la faculté permettrait d'en interdire l'accès à beaucoup d'incapables, comme on en rencontre parmi les bacheliers actuels, et il répondrait peut-être aux critiques récemment formulées contre l'insuffisante préparation classique des candidats aux diverses licences.» (Faculté des lettres de Lyon, p. 417, 418.)

«Dans l'état actuel, les bacheliers ès lettres ou ès sciences n'apportent à leur entrée dans les facultés que des connaissances insuffisantes aux études spéciales. Cela est manifeste surtout à l'école de droit, où l'on arrive avec des connaissances dérisoires, surtout en histoire.» (Faculté de droit de Paris, M. Cauwès, p. 589.) — «Dans l'état actuel, il est constant qu'un grand nombre des bacheliers arrivent à l'école sans avoir les connaissances historiques et philosophiques nécessaires.» (*Id.*, M. Glasson, p. 618). «L'enseignement classique ne s'adressant pas seulement aux futurs candidats à la licence ès lettres, mais à des jeunes gens en nombre infiniment plus considérable qui n'y visent pas, l'instruction littéraire, historique, philosophique a été naturellement restreinte à la portée et aux besoins du plus grand nombre, et est restée au-dessous de ce qui est indispensable à ceux qui veulent entrer dans l'enseignement des collèges ou devenir ce qu'on a si bien nommé dans ces derniers temps des étudiants en lettres.» (*Id.*, p. 612.)

«Les jeunes étudiants arrivent dans les écoles munis d'une instruction préparatoire littéraire et scientifique tout à fait insuffisante.» (Faculté de médecine de Paris, p. 623, 624.) — «Nos étudiants deux fois diplômés ont d'ordinaire une fort médiocre culture littéraire et scientifique; ils ne sauraient, pour la plupart, lire un ouvrage écrit en langue anglaise ou allemande; et malgré l'extension exagérée sur quelques points du baccalauréat ès sciences restreint, ils ne peuvent généralement suivre un cours élevé de botanique ou de chimie médicales.» (*Id.*, p. 625.) — «Beaucoup d'élèves, munis du diplôme de bachelier ès lettres, ne possèdent aujourd'hui que des connaissances littéraires très incomplètes.» (*Id.*, p. 628.) — La commission est frappée de l'insuffisance des candidats qui arrivent munis du baccalauréat ès sciences. (*Id.*, p. 628.)

«Beaucoup de nos élèves viennent assister à nos cours sans avoir les connaissance voulues pour être en état de comprendre les professeurs.» (Faculté des sciences de Paris, p. 637.)

«L'immense majorité des élèves est hors d'état d'improviser trois pages vraiment bonnes. A très peu d'exceptions près, toutes les copies se ressemblent par un caractère commun d'insignifiance et de médiocrité.» (Faculté des lettres de Paris, p. 640.)

création d'un baccalauréat élémentaire commun et de baccalauréats supérieurs répondant aux divers besoins de la science et de l'enseignement[1].

Le baccalauréat élémentaire embrasserait l'ensemble des connaissances littéraires et scientifiques indispensables. L'examen serait subi à la fin, soit de la rhétorique, soit de la seconde, soit même de la troisième; le diplôme auquel il donnerait droit ne serait en réalité qu'un certificat d'études, — c'est le nom qu'on lui assigne; — et, dans ces termes, rien ne s'opposerait à ce que les épreuves eussent lieu à l'intérieur des établissements, devant un jury local ou départemental, composé exclusivement ou pour la plus

— «On peut être bachelier et savoir peu de grec, de latin et même de français.» (*Id.*, p. 644.)

«Nourris de littérature latine, nos jeunes étudiants ne seraient plus exposés à hésiter dans la traduction, je ne dis pas des textes des jurisconsultes classiques, mais simplement des *Institutes*, dont le style n'est cependant pas fait pour arrêter les moins lettrés. Ils seraient aussi moins étrangers aux faits principaux de l'histoire romaine. Enfin, mieux préparés par de fortes études philosophiques, ils deviendraient avec moins de peine capables sinon de trouver, au moins de suivre les raisonnements abstraits qui abondent dans la science du droit.» (Faculté de droit de Toulouse, p. 863.)

«Le baccalauréat est insuffisant comme garantie des connaissances nécessaires pour les études médicales.» (École de médecine et de pharmacie d'Alger, p. 893.)

[1] Sur l'insuffisance de la préparation nous ne relèverons que quelques témoignages :

«Considérant qu'il y a entre l'enseignement des lycées, tel qu'il a été constitué par les dernières réformes, et celui des facultés une lacune qu'il est urgent de combler, l'assemblée propose : 1° qu'il soit créé dans certains lycées importants des cours supérieurs de lettres où ne seront admis que les élèves déjà bacheliers, pour y être exercés spécialement à la composition latine en prose et en vers, aux traductions et aux explications approfondies des textes dans les trois langues classiques et dans les langues vivantes, comme aussi à l'étude de l'histoire, de l'histoire des littératures et des institutions grecques et romaines; 2° que comme sanction, un certificat ou plutôt un diplôme supérieur soit délivré aux ayants droit et donne seul l'accès des facultés des lettres aux candidats à la licence.» (Lycée du Havre, p. 153.) — «Le grec est de plus en plus négligé.» (Lycée de Rouen, p. 157.) — «En proposant qu'à l'avenir une des épreuves serait, selon que le sort en déciderait, ou une version latine, ou un thème latin, ou une version grecque, l'assemblée estime que ce serait là un excellent moyen de relever les études grecques et latines, en ce moment trop négligées, faute d'une sanction suffisante, et de former des élèves moins incapables de suivre fructueusement, à leur sortie du lycée ou du collège, les cours de faculté.» (Collège de Libourne, p. 120.) — «L'explication des auteurs grecs et latins est trop négligée.» (Collège de Honfleur, p. 169.) — Cf. collège de Soissons, p. 336; — Saint-Dié, p. 562, etc.

grande partie des professeurs de ces établissements avec adjonction d'un ou deux membres de l'enseignement libre[1]. Quelques assemblées seraient disposées à dédoubler cet examen élémentaire et à créer un baccalauréat ès lettres et un baccalauréat ès sciences de premier degré dont l'attribution serait maintenue aux facultés[2]. Ce n'est là toutefois qu'une sorte d'amendement. Le vœu dans sa formule générale peut s'exprimer ainsi : un baccalauréat élémentaire comme tronc commun, lequel se ramifierait en baccalauréats distincts : baccalauréat ès lettres ou de philosophie, baccalauréat ès sciences mathématiques, baccalauréat ès sciences physiques et naturelles, et pour la sanction de l'enseignement spécial, baccalauréat ès arts[3].

[1] *Enquête*, faculté des lettres de Besançon, p. 49; — des sciences de Bordeaux, p. 93; — des sciences de Caen, p. 133; — de médecine et de pharmacie de Lille, p. 276; — de droit de Grenoble, p. 353; — de médecine et de pharmacie de Lyon, p. 411-413; — des sciences de Lyon, p. 414; — des lettres de Lyon, p. 418; — de droit de Paris, p. 620-622; — des lettres de Paris, p. 644; — des sciences de Rennes, p. 818; — des sciences de Toulouse, p. 865; — école des sciences d'Alger, p. 891; — des lettres d'Alger, p. 894. — Voir aussi Faculté des lettres de Clermont, p. 181. = Lycée de Nice, p. 24; — Toulon, p. 32; — Vesoul, p. 57; — Agen, p. 102; — Alençon, p. 140; — Chambéry, p. 172; — Saint-Quentin, p. 297, 298; — Lyon, p. 428; — Nîmes, p. 504; — Montauban, p. 873. = Collège de Bonneville, p. 173; — Tulle, p. 198; — Auxerre, p. 229; — Abbeville, p. 302; — Calais, p. 307; — la Fère, p. 323; — Autun, p. 434; — Chalon-sur-Saône, p. 435; — Cette, p. 508, 509; — Saint-Mihiel, p. 664; — Châteaudun, p. 753; — Coulommiers, p. 757-759; — Épernay, p. 762; — Fontainebleau, p. 765; — Montargis, p. 766; — Nogent-le-Rotrou, p. 771; — Bône, p. 899. = Recteur de Chambéry, p. 176 : «L'examen intérieur pourrait être passé dans les établissements libres devant un jury de professeurs libres auxquels serait adjoint un représentant de l'État»; — Clermont, p. 201; — Nancy, p. 569 (mêmes prérogatives pour le certificat d'études que pour le baccalauréat, sauf en ce qui concerne l'inscription dans les facultés).

[2] *Enquête*, faculté des sciences de Rennes, p. 818.

[3] *Enquête*, faculté des sciences de Bordeaux, p. 93; — de médecine et de pharmacie de Lille, p. 276; — de droit de Grenoble (rapport de M. Fournier), p. 353-355; — des sciences de Montpellier, p. 456-459; — école supérieure de médecine de Montpellier, p. 482; — faculté des sciences de Paris, p. 630; — école préparatoire de médecine et de pharmacie de Reims, p. 648; — faculté des sciences de Poitiers, p. 784; — des sciences de Rennes, p. 818; — des sciences de Toulouse, p. 865. — Cf. faculté des sciences de Grenoble, p. 369; — de droit de Paris, p. 585-590. = Lycée du Havre, p. 153 (proposition de créer une rhétorique supérieure dans un certain nombre de lycées importants); — Janson de Sailly, p. 689 (note de M. Breitling). = Recteur de Clermont,

C'est dans les lycées et collèges que se préparerait et se passerait le baccalauréat élémentaire; c'est dans les facultés que se prépareraient et se passeraient le baccalauréat de philosophie et les baccalauréats des sciences physiques et mathématiques (bien que ces derniers pussent se faire au lycée, où ils ont des classes correspondantes), afin de permettre à l'enseignement supérieur de diriger lui-même le recrutement de ses élèves. Pour les facultés comme le droit et la médecine, où les études n'auraient pas le contrôle d'un grade, il y serait suppléé par une année de candidature ou de stage probatoire, ainsi que l'exigeait le statut du 16 février 1810[1] : nul ne serait immatriculé[2] qu'il n'eût fourni la preuve, à la fin d'une première année de cours, tant dans la faculté où il exercerait ses aptitudes spéciales qu'à la faculté où il continuerait son instruction générale, qu'il est en état de suivre l'enseignement supérieur auquel il veut se faire inscrire.

Rien de plus séduisant, à première vue, que cet ensemble de dispositions. Mais on les énonce plutôt qu'on ne les discute[3]. Il semble qu'on n'ose pas en pousser l'examen, les difficultés et les dangers apparaissant de toutes parts[4]. Le seul point qui demeure

p. 202; — Alger, p. 906, 907 (demande que l'examen commun ne soit subi qu'à la fin de la philosophie). — Cf. dans la *Revue scientifique* (n° du 7 mars 1885) un article de M. H. de Lacaze-Duthiers, membre de l'Institut, sur *la réforme du baccalauréat*, p. 295.

(1) Art. 16.

(2) *Enquête*, faculté de droit de Bordeaux, p. 84; — de droit de Paris, p. 621, 622. Voici en quels termes le rapporteur, à la faculté de Paris, avait formulé la proposition : «que les élèves munis du certificat d'études classiques ne doivent être admis à s'inscrire comme étudiants aspirant à la licence dans les facultés de droit et dans les facultés des lettres qu'après une année d'études complémentaires correspondant à un enseignement donné en commun par les deux facultés intéressées et sanctionné par un examen qui pourrait être dénommé examen de candidatures en droit et en lettres.» Après une longue et vive discussion, «la proposition, dit le procès-verbal, a été repoussée par 6 voix contre 5 et 1 abstention; mais la faculté se montre favorable à la création d'une année d'études complémentaires pour les aspirants aux fonctions de l'enseignement secondaire et à la licence ès lettres.» — Recteur d'Aix, p. 43; — Bordeaux, p. 125; — Rennes, p. 854. — Cf. faculté de théologie protestante de Paris, p. 577 : «L'examen de première année, passé devant l'une des cinq facultés, donnerait droit au service militaire d'un an, si cette institution était maintenue.»

(3) Voir plus bas nos observations, p. 258 et suiv.

(4) *Enquête*, faculté de droit de Grenoble (rapport de M. Fournier), p. 362;

acquis, — il est vrai qu'il est considérable, — c'est qu'entre les premiers de notre enseignement classique et ceux qui les suivent de plus ou moins loin, il n'y a pas actuellement de commune mesure, et qu'il est urgent d'aviser, si l'on ne veut laisser fléchir le niveau.

Ainsi peuvent se résumer les discussions provoquées par l'enquête et les propositions auxquelles elle aboutit.

Avant de tirer les conclusions, on est tout d'abord amené à se demander d'où vient cette importance si grande accordée à un examen en réalité si modeste, et à chercher si les résultats qu'il produit dans l'économie générale de nos études sont bien en rapport avec la place qu'il y tient.

— de droit de Paris, p. 620-622. == Lycée Condorcet, p. 660; — Orléans, p. 735. == Collège de Coulommiers, p. 757-759. == Recteur de Grenoble, p. 385-386; — Alger, p. 904.

II.

QUELQUES MOTS SUR L'HISTOIRE DU BACCALAURÉAT.

L'examen comparatif des institutions d'enseignement dans les différents pays met parfois en lumière de singuliers contrastes. C'est en 1788 (23 décembre) que l'examen intérieur a été substitué, dans les gymnases de Prusse, aux épreuves que les élèves subissaient jusque-là dans les universités; et cette pratique nouvelle, dont pendant vingt-cinq ans la guerre empêcha l'application, devint le règlement définitif à partir de 1812. C'est en 1809 qu'en France l'examen de faculté remplaça l'examen intérieur, qui pendant des siècles avait été le mode de contrôle exercé sur les études préparatoires à l'enseignement supérieur.

La déterminance dans les écoles du moyen âge. — L'examen portait à l'origine le nom de déterminance; le nom de baccalauréat n'apparaît qu'à la fin du XIVe siècle; mais, déterminance ou baccalauréat, la valeur de la chose était la même[1]. Nos bacheliers modernes, à qui leur titre permet de prétendre à tout, seraient bien surpris d'apprendre qu'autrefois il ne comptait pour rien. Un bachelier n'était, à la guerre, qu'une sorte de servant; dans la vie civile, qu'un apprenti, en un mot, un homme qui n'était pas encore classé. De là vint que, par extension, le nom en était donné aux célibataires[2], c'est-à-dire à ceux qui n'avaient pas de famille, pas de maison, dont il n'était point fait état.

[1] Charles THUROT, *De l'organisation de l'enseignement dans l'université de Paris au moyen âge*, chap. I, § 2.

Baccalauréat ou maîtrise ès arts, les deux mots ont le même sens. Voir les *Statuts de la Faculté des Arts* de 1598, art. 52, 53, 54, 56, 57, 58 et 75. Cf. *Projet de réforme des Statuts*, 1720, chap. VI, 1 à 7. — Cette assimilation du baccalauréat et de la maîtrise des arts a été reconnue formellement par l'arrêté du 12 mai 1809, qui porte que «le grade de maître ès arts correspond à celui de bachelier ès sciences et ès lettres». Voir la circulaire du 30 mars 1818. — C'est à titre de disposition temporaire que le Statut du 18 octobre 1808 (art. 21) admettait l'équivalence entre le degré de maître ès arts et celui de docteur ès arts ou ès sciences.

[2] «Baccalarios item nuncupamus qui, egressi ex ephebis, matrimonium non contraxerunt : immo cœlibes, quantumvis grandævos.» (Henrici SPELMANNI, *Equitis Anglo-Brit.*, *Archæologus in modum glossarii ad rem antiquam posteriorem de Baccalariis*, p. 64. Londini, apud Joannem Beale, 1626. — Ce sens est resté celui du mot anglais *Bachelor*.

On pouvait se présenter à la déterminance à quatorze ans, un an plus tôt que ceux de nos candidats qui obtiennent la dispense d'âge; il suffisait de justifier qu'on avait suivi pendant deux ans un cours de logique à l'université de Paris ou dans une autre université qui n'eût pas moins de six régents [1]. Les épreuves, composées de trois séries de disputes, soutenues à quelques jours d'intervalle, étaient toutes «domestiques» [2]. L'étudiant comparaissait au siège de sa Nation, devant des juges délégués par sa Nation [3]. La faculté des arts n'avait pas le droit d'intervenir. Ceux qui étaient refusés pouvaient en appeler; et c'était encore devant la Nation, réunie en assemblée plénière, que l'appel s'instruisait. Il y a bien quelque apparence que les jugements de premier ressort ou de pourvoi n'étaient pas exempts de négligence ou de faveur [4]; mais on se tenait pour satisfait que l'affaire fût réglée en famille. Généralement il n'était pas donné de diplôme en règle; la Nation se bornait à délivrer une attestation à ceux qui la sollicitaient [5].

La réforme de 1598. — Le Statut de 1598 introduisit dans l'examen des formes plus rigoureuses. L'enseignement de la logique avait dès lors cessé d'être l'attribut exclusif de la faculté des arts. Il se donnait dans les collèges de plein exercice [6]; et aucun étu-

[1] «Quand un écolier avait appris la lecture, l'écriture et les éléments de la langue latine, il était jugé capable de suivre les cours de logique. Il pouvait se rendre à l'université de Paris et commencer à suivre les leçons de la faculté des arts... Les études de la faculté des arts, à cette époque, correspondaient donc à ce qu'on appelle aujourd'hui les classes supérieures des lettres : troisième, seconde, rhétorique et philosophie.» (Ch. Thurot, *De l'organisation de l'enseignement*, etc., chap. 1, § 1.)

[2] *Id.*, *ibid.*

[3] *Id.*, *ibid.* «En 1275, on jugea utile de faire précéder la déterminance par un examen particulier qui écartait de l'épreuve les candidats qui auraient fait trop peu d'honneur à la Nation.»

[4] *Id.*, *ibid.* «Un maître dont les écoliers étaient repoussés considérait leur échec comme une offense personnelle; comme les examinateurs étaient ses pairs, il pouvait réclamer contre eux. Il n'avait qu'à choisir le jour où l'assemblée de la Nation ne comptait que quatre ou cinq membres, ses amis, et il enlevait tout ce qu'il voulait.»

[5] *Id.*, *ibid.* — Cf. *Dictionnaire de l'Encyclopédie*, v° Maître ès arts.

[6] «Les collèges de l'université de Paris se divisaient en deux classes : les collèges de plein exercice offraient un cours d'études complet et préparaient au titre de maître ès arts; les autres étaient destinés à des boursiers qui, indépendamment de leurs études particulières, étaient obligés de fréquenter les collèges de plein exer-

diant ne pouvait être admis dans la classe où elle était professée sans produire un certificat régulier d'études grammaticales et littéraires[1]. C'était le bienfait de la Renaissance, le fruit des efforts de Ramus qui avait lutté si longtemps pour substituer aux exercices de la scholastique l'éducation des humanités. Toutes les mesures étaient prises en outre afin d'assurer la juste sévérité et la moralité des épreuves : les juges devaient prêter serment de probité professionnelle[2], les candidats fournir la constatation de leur identité et de leur bonne conduite[3]. L'examen ne durait pas moins de trois heures et il était interdit de faire passer à la fois plus de deux candidats[4]. Mais il conservait son caractère familial

cice.» H. Lantoine, *Histoire de l'enseignement secondaire au xviie siècle*, chap. 1. — Cf. Ch. Lenormand, *Essai sur l'instruction publique*, chap. 1, page 120. Voir aussi page 63 et suivantes.

(1) «Scholastici ad studium philosophicum non transeant, nisi linguarum græcæ et latinæ periti, et grammaticis ac rhetoricis præceptis abunde informati, cujus rei cognitio ad Collegiorum præfectos pertinebit.» (*Statuts de la faculté des arts*, art. 36.)

(2) Examinatores... apud procuratores suæ Nationis conceptis verbis jurent se neminem nisi dignum ad artium baccalauriatum admissuros. (*Statuts de la Faculté des arts*, art. 49.)

(3) *Statuts de la faculté des arts*, art. 58. — Cf. le décret du 30 avril 1615 et la circulaire rectorale du 10 octobre 1637.

(4) Toutes les pratiques établies par la tradition sont résumées dans l'article 2 du chapitre vi du projet de réforme de 1720. On sait que ce projet avait été rédigé par Pourchot sous la dictée ou tout au moins sous l'inspiration de Rollin : «Candidati baccalaureatus artium in sua quisque Natione tentabuntur de rhetorica et litteris græcis ac latinis a professoribus rhetoricæ et humanarum litterarum, suo antiquitatis ordine assumptis, censore examini præsidente. Si professores in aliqua Natione deficiant, in aliis Nationibus per ordinem supplebuntur, ut nullus illorum plus quam semel intra quinquennium tentatoris munere fungatur. Tentatores omnes in manibus procuratoris suæ Nationis præstito sacramento promittent se nulli nisi digno esse suffragaturos. Nemo ad baccalaureatus gradum promovebitur, nisi cujus eruditio tribus saltem arbitris, sive ii quinque sedeant, sive quatuor tantum, pro more cujusque Nationis, fuerit probata. Si contra hanc legem aut alias peccabitur, censori intercedendi jus esto. Januis clausis fiat examen per tres horas, nec plures quam duo candidati simul tententur.» (Chap. vi, art. 2.)

Voici, dans le même projet, les prescriptions relatives à la moralité et à l'identité du candidat : «Quum eorum qui in academiam admitti volunt mores non minus quam doctrinam explorari conveniat, candidati magisterii in artibus, antequam studiorum examen subeant, deponent inter manus Rectoris testimonium, quo de eorum moribus constet, subscriptum quidem a gymnasiarchis, si bursarii et alumni erunt, aut in collegiis degent; si vero extra collegia, ab aliquo notæ probitatis viro. (Chap. vi, art. 1.) — Cf. chap. ii, art. 25.

et il tendait à perdre tout caractère de publicité même restreinte à la Nation : les épreuves, disent les Statuts de 1720, auront lieu à huis clos[1]. Le titre au surplus n'était recherché que par les jeunes gens qui se vouaient à l'enseignement, à la théologie ou à la médecine[2]. Il n'était même pas demandé pour entrer à la faculté de décret, notre faculté de droit, bien que dès ce moment elle fût signalée comme fournissant des sujets de premier ordre aux charges de l'État, tant ecclésiastiques que séculières[3]. L'étudiant pouvait s'y faire inscrire sur la simple production d'une lettre testimoniale constatant qu'il avait fait sa philosophie et qu'il possédait la connaissance du grec et du latin[4].

La lettre testimoniale et les examens de passage : Arnauld et Rollin. — Cette lettre testimoniale a été, pendant deux cents ans, le véritable certificat des études secondaires en France. Les Jésuites n'avaient guère à leur disposition d'autres titres : leurs prétentions à se constituer en universités délivrant les grades avaient échoué[5]. C'était dans la solide constitution de leurs cadres de

[1] «Januis clausis.» Voir ci-dessus page 211, note 3. — La publicité est prescrite au contraire pour la licence.

[2] «Nullus Lutetiæ ad superiorum Facultatum baccalaureatum, ut theologiæ et medicinæ, nisi laurea magistri fuerit insignitus.» (*Statuts de la faculté des arts*, art 57.) — On sait que les facultés étaient rangées officiellement dans l'ordre suivant : théologie, droit, médecine, arts. Les trois premières étaient dites supérieures, parce que la faculté des arts leur servait d'introduction.

[3] «. . Seminarium honestissimorum hominum ad ecclesiasticos gradus et reipublicæ munia, tam ecclesiastica quam secularia, promovendorum.» (*Statuts de la faculté de décret*, préambule.)

[4] «Ad hoc studium (jus canonicum) nullus accedat qui non in humanioribus primum artibus et disciplinis philosophicis probe versatus sit, ac linguarum græcæ et latinæ cognitionem habeat.» (*Statuts de la faculté de décret*, art. 4; Cf. *arrêt du Parlement* du 13 juillet 1617). Plus tard (*Projet de réforme* de 1720), ceux qui ne justifiaient pas du certificat devaient remplir certaines conditions d'âge : on n'était pas admis avant dix-huit ans. «Soli artium magisterii ad baccalaureatum in Theologicâ vel Medicâ Facultate patebit aditus; neque ii ad illum gradum consequendum de rebus philosophicis ulterius tentabuntur, sed tantum de materiis quæ ad illas facultates pertinent. Iidem ad studium utriusque juris admittentur statim post adeptum artium magisterii gradum; sed qui eo gradu non fuerint insigniti, iis ante decimum octavum ætatis annum ad studium illud non licebit accedere.» (Art. 7.)

[5] Deux de leurs collèges seulement, Pau et Dijon, furent érigés en universités (1722) et en conservèrent les privilèges jusqu'en 1764. Le décret qui conférait au recteur du collège de Pau le titre de recteur et de vice-chancelier de l'univer

classes qu'ils cherchaient leur point d'appui. A la fin de chaque année un examen était prescrit[1]. Telle était la règle commune : à l'Oratoire[2] et à Port-Royal, comme dans l'Université[3]. Les statuts

sité de Pau est du 4 décembre 1725. Antérieurement la compagnie avait vainement essayé de convertir en université le collège de Tournon et celui d'Angoulême. D'autre part, en 1642, elle avait demandé, sans succès aussi, que le collège de Clermont (le futur lycée Louis-le-Grand) «fust déclaré estre de l'Université de Paris». Même tentative infructueuse en 1778 pour l'université de Caen.

[1] «Generalis solemnisque promotio semel in anno post anniversarias vacationes facienda est. Si qui tamen longe excellant atque in superiore schola magis quam in sua profecturi videantur (quod inspiciendis catalogis rogandisque magistris cognoscetur) nequaquam detineantur, sed quocumque anni tempore post examen ascendant. Quamquam à suprema grammatica ad humanitatem et ab humanitate ad rhetoricam vix patet ascensus.» (*Ratio atque institutio studiorum societatis Jesu, Regulæ præfecti studiorum inferiorum*, art. 13). «Examinatores tres esse oportet. Unus erit ut plurimum ipse præfectus : alios duos rerum humaniorum bene peritos qui, si fieri potest, magistri non sint, rector cum præfecto constituet.» (*Id.*, *ibid.*, art. 18.) — «Si quis nulla ratione ad gradum faciendum videatur idoneus, nullus deprecationi sit locus. Si quis ægre quidem aptus, sed tamen propter ætatem, tempus in eadem classe positum, aut aliam rationem promovendus videatur, id ea conditione, nisi quid obstiterit, fiat, ut si minus suam magistro probarit industriam, ad inferiorem scholam remittatur, nec in catalogo ejus ratio habeatur. Si qui denique ita sint rudes, ut nec eos promoveri deceat, nec ullus in propria classe fructus speretur, agatur cum rectore ut eorum parentibus aut curatoribus per humaniter admonitis, locum non occupent.» (*Id.*, *ibid.*, art. 25.) — «Publice promovendorum catalogus vel ad singulas seorsum classes, vel in aula simul ad omnes recitetur. Si qui longe inter ceteros emineant, primi honoris causa nominentur, in cæteris alphabeti, vel doctrinæ ordo servabitur». (*Id.*, *ibid.*, art. 26.) Cf. *Regulæ communes professoribus classium inferiorum*, art. 37 : «Ad promotionem generalem uno fermo ante examen mense discipuli in præcipuis quibusque rebus in omnibus classibus, excepta saltem rhetorica, exerceatur. Quod si quis longe in ipso anni decursu excelleret, de eo magister referet ad præfectum, ut privatim examinatus gradum ad superiorem scholam facere possit.» — Voir aussi le chapitre *Scribendi ad examen leges*, 1 à 2, et la *Manière d'apprendre et d'enseigner* du P. Jouvency, 2e partie, chapitre II, art. 8.

[2] «Tous les ans, huit jours avant les vacances, le général de l'Oratoire venait lui-même faire la visite de l'académie de Juilly et présider aux examens des classes. . . Les épreuves, que rendaient très importantes le rang, le mérite et le nombre de ceux qui les dirigeaient, décidaient du passage des élèves dans une classe supérieure, et la sévérité avec laquelle on les faisait subir stimulait puissamment le travail et entretenait la force des études.» (Ch. Hamel, *Histoire de l'abbaye et du collège de Juilly*, livre IV, chapitre I.)

[3] «Quemquam scholasticum in classem quamcunque, nisi excussum ac penitus introspectum, et de omnibus quæ in classibus inferioribus doceri solent, . . . ne intromittanto. (*Règlement pour les collèges de Paris*, 15 novembre 1626, art. 50.) Cette prescription est reprise et développée avec une sollicitude particulière dans le

disciplinaires témoignent tous sur ce point d'une intelligente sévérité : les arriérés étaient maintenus dans la classe qu'ils avaient mal faite, les incapables rendus à leur famille; nul ne pouvait passer d'un collège dans un autre sans justifier qu'il était en mesure de suivre le cours pour lequel il se présentait.

Ce n'était là, il est vrai, que des prescriptions de règlement, et les règlements laissent toujours en défiance. Mais les faits consignés année par année, nom par nom, dans les archives domestiques des grandes maisons d'éducation du XVIIe et du XVIIIe siècle ne permettent aucun doute sur la sévérité avec laquelle ces prescriptions étaient appliquées. Les examens commencés le 23 août devaient être terminés la veille de la Nativité (8 septembre). Ce jour-là avait lieu, avec un certain éclat, la proclamation. Dans la grande salle des Actes, le préfet, assisté de tous les régents, adressait aux élèves une courte allocution, puis il faisait, par classe et par ordre de mérite pour chaque classe, l'appel de tous les écoliers. Ils étaient partagés en cinq catégories ainsi désignées : *eximii*, *boni*, *mediocres*, *dubii*, *manent*; distingués, bons, médiocres, douteux, incapables de passer. Nul, même parmi les meilleurs, n'était dispensé de subir l'examen; s'il avait été empêché par une cause légitime avant les vacances, on le reprenait à la rentrée. Tout jugement était suivi de ses effets. L'âge ni les protections n'y pouvaient rien : c'était du moins l'intention formelle; ainsi s'explique qu'on trouve dans les catalogues des rhétoriciens de vingt-cinq ans et plus. Les régents notaient sur leurs registres les exceptions dont ils n'étaient pas arrivés à se défendre, comme pour s'en faire reproche et empêcher qu'on ne s'en prévalût pour l'avenir. Livrés à eux-mêmes, ils au-

Projet de réforme des statuts de la faculté des arts de 1720 : «Quoniam ad scientiarum culmen non conscenditur nisi per gradus, et studia nimis festinata nunquam maturescent, gymnasiarchæ, singulis annis, paulo ante Lucalia, vel per se, vel per vicarios suos seu progymnasiarchos, scholasticos omnes diligenter examinent, et singulos pro illorum captu in classes distribuant. — Idem observetur in iis qui post Lucalia accedent et in eam rem primariorum decreto magistri omnes pareant. — Itaque nemo injussu gymnasiarchæ suam mutet, nemo eligat aut suo aut alterius arbitratu; sed ut quisque profecerit, vel ascendat aut descendat, vel in eadem classe maneat, ex gymnasiarchæ præscripto, prius ab eo examinatus et probatus. Qui ab uno collegio, postulantibus ita forte parentibus, ad aliud transire voluerint, ab gymnasiarcha et professore dimissorium libellum habeant; secus, ne admittantur. Gymnasiarchæ vero et professores, qui decretum hoc violaverint, academica pœna puniantur. Libellus autem iste dimissorius non denegabitur sine gravissimis causis, quarum cognitio ad rectorem pertinebit. (Chap. II, art. 10 à 13.)

raient laissé « pourrir » en seconde un mauvais élève plutôt que de le promouvoir en rhétorique[1]. Chaque écolier était, de classe en classe, accompagné de son dossier[2]. Certains personnages qui ont marqué dans les arts, les lettres ou les sciences se trouvent ainsi avoir une histoire qui ne manque ni d'intérêt ni de piquant.

Au collège des Oratoriens de Troyes, pour le prendre comme exemple, François Girardon, le grand sculpteur du XVIIe siècle, ne put jamais monter en rhétorique : à vingt ans, son père dut le retirer du collège. Trois savants, trois futurs membres de l'Académie des inscriptions et belles-lettres, Boutard, Levesque de la Ravallière, Grosley, eurent à redoubler leur quatrième et leur troisième; enfants bien doués, dit le registre, mais légers et indisciplinés (*semper dolos meditans*). Un recteur de l'université de Paris, un des successeurs de Rollin, Charbonnet, étoit un paresseux à ses heures; son dossier est fort inégal. Deux généraux qui ont marqué dans les guerres de la Révolution, Vaubois, le héros d'Arcole et de Malte, Songis, le premier inspecteur général de l'artillerie, quittent le collège en rhétorique, l'un sans avoir réglé ses comptes de fin d'année, l'autre dès la troisième, pour s'engager, en laissant derrière lui cette mention : *pigritia et morum comitate perinde notus*. L'amiral Decrès est classé, en seconde, *inter dubios*. Danton n'a que de bonnes notes[3].

(1) « S'il y a eu cette année des promotions parmi les *dubii*, c'est que ces élèves étaient en petit nombre et que nous avons dû nous incliner devant la persistance quelque peu importune de personnages considérables auxquels on ne pouvait rien refuser; l'exception n'a été consentie toutefois qu'à la condition que, si les enfants qui en sont l'objet ne font pas de progrès durant les deux premiers mois de l'année, ils redescendront dans la classe inférieure. » (Note tirée d'un manuscrit de la bibliothèque de Troyes (n° 357) intitulé : *Catalogus scolasticorum Collegii Trecensis*. Le collège de Troyes appartenait aux Oratoriens. Le registre donne le nom de tous les écoliers qui se sont succédé sur les bancs de 1632 à 1792. La note se rapporte à l'année 1683.

(2) Voici quelques-unes des mentions prises dans le Catalogue précité : « Abfuit ab examine sine licentia. — Abfuit sine licentia. — Excessit ante examen sine licentia, strictæ orationis præmium meritus; puniatur priusquam ascendat in secundam. — Morbi causa abfuit : ascendat absque examine. — Die examinis abiit, penso recusato; ne rursus admittatur, nisi prius sextam scolam frequentarit. — Abiit binis duobus ante pronunciationem; examini subjiciatur ad instaurationem scolarum. — Putrescat in secunda nec unquam in rhetoricam ascendat.....

(3) Nous devons la plupart de ces détails à M. Carré, professeur d'histoire au lycée Lakanal, qui les a relevés dans le même catalogue.

L'examen le plus redoutable était l'examen d'entrée en philosophie. Il ne suffisait pas d'avoir fait avec succès ses humanités. S'il ne semblait pas qu'on eût l'esprit suffisamment mûr, on était arrêté sur le seuil : *nondùm maturus philosophiæ... puer ad philosophiam parùm maturus*, dit le registre. A l'issue de la philosophie, les meilleurs passaient leur thèse; mais c'était le fait ou le privilège d'une élite. Le véritable examen terminal, l'examen commun à tous les écoliers, était l'examen de rhétorique. Et il faut croire que l'attestation délivrée par le préfet du collège avait une certaine valeur, puisqu'on voit des rhétoriciens à qui on l'avait refusée, pour cas d'indiscipline, mettre l'épée à la main afin de contraindre le préfet à la leur donner quand même[1].

On ne saurait douter au surplus du sérieux caractère de ces épreuves, quand on voit l'importance qu'y attachent Arnaud et Rollin. C'est de l'examen de passage que le législateur des « petites écoles » faisait dépendre le succès de l'éducation classique et il y intéressait l'honneur du maître. « On peut sur cela, disait-il, s'en rapporter

[1] *Le Collège des Oratoriens au Mans*, Revue de l'enseignement secondaire, n° du 1er juillet 1885, p. 507.

Les Jésuites paraissent avoir attaché plus d'importance à l'examen de philosophie, ou du moins lui avoir fait tenir dans les études de la majorité des élèves une plus large place. Voici ce que nous lisons dans leurs règlements : « Sub finem cursus philosophici, disputationes habeantur de universa philosophia : ad quos deligantur pauci et egregie instructi, qui ejus loci dignitatem sustinere valeant, hoc est, qui multo plus quam mediocriter profecerint. Examinabunt autem semper præfectus et præceptor proprius, quibus à rectore addetur tertius ex reliquis magistris, vel alius, qui recte id facere posse judicatur... Alumnos, seu convictores, satis est examinari à suo præfecto et duobus philosophiæ repetitoribus... Verum qui ab his judicati erunt idonei, non prius ad actum sese comparent, quam sui præceptoris ac præfecti generalis judicio sint probati. — Hoc examen (à quo, et severe quidem agendo, nullus fere excipiendus è nostris; et si fieri potest, nullus etiam ex alumnis et convictoribus) publicum erit, nisi quid obstet; videlicet si nostrorum est, coram omnibus nostris philosophiæ auditoribus; sin alumnorum, seu convictorum, coram omnibus sui Collegii philosophis; sin externorum (qui tamen ut examen hoc subeant, cogendi non sunt) coram omnibus externis philosophis saltem suæ classis. — Examinandi initium sub anni finem fiat, distributis diebus eo ordine quem rector, audito præfecto et professore, existimaverit commodissimum. Duret autem singulorum minimum una hora; eatque per omnes primarias materias, quas præfectus tempestive ac secreto examinatoribus assignabit. Porro philosophici actus totum scholarum tempus occupent minimum, vel mane, vel prandio. Tres fere argumententur... » (*Ratio atque institutio studiorum societatis Jesu*, Regulæ prefecti studiorum, art. 19 à 24.

à un professeur intègre, exact, qui a des talents et qui est reconnu pour tel.» Il proscrivait toute solennité, mais il n'admettait pas l'indulgence, et il voulait que cette «rigueur inflexible» s'accrût au fur et à mesure que l'écolier s'acheminait vers les hautes classes. «Ainsi arriverait-on à ne conserver pour prendre des degrés dans les facultés supérieures que ceux qui seraient fondés dans les lettres humaines et à retrancher le grand nombre d'ignorants qui les déshonorent[1].» On ne trouve dans Rollin aucune allusion à un examen extérieur, bien que sa prévoyance discrète, mais très attentive, suive souvent l'élève au delà des bancs[2]; c'est dans l'enchaînement des connaissances bien digérées qu'il faisait consister la force des études, et dans le contrôle exercé chaque année, au collège même, par «les exercices ou actions publiques» qu'il en plaçait la sanction[3]. Ce principe est celui sur lequel reposent les plans de réforme du président Rolland[4]. Les prescriptions de l'arrêt du 29 janvier 1785, où sont codifiées les idées nouvelles, ne font sur ce point que résumer, pour les appliquer à tous les collèges, les traditions des examens annuels établies par les règlements des diverses corporations et consacrées par l'usage[5].

[1] *Règlement d'études sur les lettres humaines.* «Outre les examens annuels, dit-il, il en faudrait deux plus rigoureux, l'un pour monter de rhétorique en philosophie, l'autre pour être reçu maître ès arts.»

[2] *Traité des études*, 3ᵉ partie, *Du gouvernement intérieur des classes et des collèges*, chap. I, art. 4.

[3] *Traité des études*, 3ᵉ partie, chap. II, art. 2, § 1. «On appelle exercices les actions publiques dans lesquelles les écoliers rendent compte des auteurs qu'ils ont vus en classe ou en particulier et de tout ce qui a fait la matière de leurs études... Par là on tient les enfants en haleine pendant toute une année et on les oblige d'apporter beaucoup plus d'attention à leurs études, en leur montrant de loin le public comme devant être le témoin et le juge des progrès qu'ils y auront faits... La matière ordinaire des exercices doit être ce qu'on explique en classe pendant le cours de l'année, en sorte que pour s'y bien préparer il suffise presque de se rendre bien attentif aux leçons du professeur...» Et Rollin cite l'exemple de deux jeunes frères (fils du procureur général, M. de Fleury) dont l'un étudiait en cinquième, l'autre en troisième, interrogés l'un et l'autre sur la langue française.

[4] «Les élèves n'omettront dans le cours d'études aucune classe, dit le *Règlement concernant la police du collège royal de Rouen* (27 août 1662); et pour passer dans le courant de l'année d'une classe à l'autre (ce qui doit être très rare), il leur faudra le consentement du principal, des professeurs qu'ils quittent et de celui dans la classe duquel ils désirent entrer.» (Art. 66.)

[5] «Quelques jours avant les vacances, le principal du collège et le professeur de chaque classe examineront tous les écoliers à l'effet de juger de leurs capacités pour

Les projets de l'Assemblée constituante, de la Convention et du Consulat. — Talleyrand, Condorcet, Lakanal, Fourcroy, tous les auteurs des propositions relatives à l'éducation nationale qui tiennent tant de place dans les discussions des assemblées de la Révolution ne visent que les programmes de l'enseignement proprement dit et les conditions d'aptitude jugées sur place qui permettaient aux écoliers de s'élever d'un degré à l'autre dans la hiérarchie des études. D'après la loi du 11 floréal an x (1er mai 1802), le terme des classes était fixé pour tous les élèves à dix-huit ans, et l'État devait assurer des bourses dans les écoles spéciales ou des emplois dans les carrières publiques au cinquième des 6,400 jeunes gens dont il prenait l'entretien à ses frais. Le concours décidait du choix. Pour ceux que l'épreuve n'avait pas favorisés, le certificat qu'ils emportaient du lycée était la garantie acceptée de leur valeur intellectuelle. On comptait sur l'émulation des concours pour élever le niveau [1].

Le décret du 17 mars 1808 : le baccalauréat. — L'organisation du baccalauréat, tel qu'il existe aujourd'hui, date du décret du 17 mars 1808. Le baccalauréat y est présenté comme une sorte de création. C'était le premier grade universitaire [2], et la collation en était exclusivement réservée aux professeurs de l'enseignement supérieur [3], bien que, par une contradiction qui est peut-être la

être admis dans la classe supérieure..... Le dernier jour, on nommera publiquement ceux qui devront être admis avec plus ou moins de distinction et quelquefois avec éloge. Les écoliers qui se trouveront trop faibles seront laissés douteux; après les vacances, ils seront examinés de nouveau, en la même forme, ainsi que ceux qui se présenteront pour la première fois..... Pour ceux qui seraient jugés absolument incapables de suivre les études, lesdits principaux, professeurs ou régents auront soin d'en avertir les parents et lesdits parents seront tenus de les retirer.» (Art. 51 et 52.)

[1] *Loi du 11 floréal an x* (1er mai 1802), titre VII, art. 32 à 36. — Voir les rapports de Fourcroy, 30 germinal an x (20 août 1802) et de Jard-Pouvillier, 10 floréal an x (30 avril 1802) dans le *Recueil des lois et règlements sur l'enseignement supérieur*, par A. de Beauchamp, chef de bureau au Ministère de l'instruction publique.

[2] *Décret du 17 mars 1808*, art. 19 : «Les grades dans chaque Faculté sont au nombre de trois : le baccalauréat, la licence, le doctorat.»

[3] *Id.*, art. 5 : «Les écoles appartenant à chaque académie seront classées dans l'ordre suivant : 1° Les facultés pour les sciences approfondies et la collation des grades....»

première cause du malaise dont nous souffrons, il dût être le couronnement des études secondaires[1]. On ne négligeait aucun moyen d'en rehausser le caractère. Le recteur était invité à assister de sa personne aux examens pour donner aux actes plus d'importance[2]. C'était au nom de l'Empereur qu'était décerné le brevet[3].

La persistance des traditions de l'examen intérieur. — Le certificat d'études, pièce fondamentale du dossier. — On ne saurait dire cependant que ces formes aient, à l'origine, beaucoup pesé sur les études. Les habitudes séculaires ne se modifient pas en un jour. Il fallait ménager la transition, compter avec les privilèges, satisfaire aux nécessités d'ordre public. «Les élèves des séminaires, dans les académies où il n'y a point encore de faculté des lettres, disait l'arrêté du 23 juin 1809, pourront recevoir du grand maître le diplôme de bachelier ès lettres sur un certificat d'aptitude signé par les professeurs desdits séminaires, visé par l'évêque diocésain et portant que lesdits élèves ont fait preuve des connaissances requises pour ce grade

(1) *Décret du 17 mars 1808*, art. 10 : «Pour être admis à subir l'examen du baccalauréat dans les facultés des lettres, il faudra. . . répondre sur tout ce qu'on enseigne dans les hautes classes des lycées.» Art. 22 : «On ne sera reçu bachelier dans les facultés des sciences qu'après avoir obtenu le même grade dans celles des lettres.» — Cf. *statut du 16 février 1810*, art. 26 : «Les examens du baccalauréat se feront dans les quinze derniers jours de l'année classique du lycée.» — Art. 17 : «Les aspirants au baccalauréat dans les facultés des lettres seront interrogés sur les matières enseignées dans les classes de rhétorique et de philosophie.» — Art. 18 : «Pour être admis à l'examen, tout aspirant justifiera qu'il a fait une année de rhétorique et de philosophie, soit dans un lycée, soit dans une école où ce double enseignement aura été formellement autorisé.» — Art. 60 : «Les élèves qui auront fait une année de rhétorique et de philosophie dans les lycées de Paris pourront se présenter devant la faculté des lettres au baccalauréat, sans avoir suivi les cours de la faculté.» — *Décret du 15 novembre 1811*, art 23 : «Les étudiants qui se présenteront pour prendre des grades dans les lettres ou dans les sciences seront tenus de représenter le certificat d'études dans une école de la même ville, à moins qu'ils ne prouvent avoir été élevés par un instituteur, par leur père, ou bien un frère.» — Voir aussi le *statut du 18 octobre 1808*, art. 5 et 22. — *L'ordonnance du 17 octobre 1821* réduisait à une année de philosophie la justification à produire (art. 1er) : condition qui fut confirmée par l'arrêté du 6 mai 1836 ; mais cet arrêté reposait sur la règle que nul ne pouvait être admis en philosophie sans avoir fait une année de rhétorique.

(2) *Circulaire du 5 août 1810.*

(3) *Arrêté du 1er octobre 1808.* — Cf. *ordonnance du 18 février 1815*, art. 30 : «Les diplômes sont délivrés au nom du Roi.»

par les règlements de l'Université.» — «Lorsque les écoles secondaires ecclésiastiques seront éloignées de la ville où siège la faculté des lettres, répète l'arrêté du 23 novembre 1810[1], un inspecteur d'académie en tournée ou un autre officier de l'Université, désigné à cet effet par le recteur, se transportera au grand séminaire pour examiner les candidats; il s'adjoindra pour cet examen ceux des professeurs qu'il jugera convenable et revêtira de sa signature le certificat d'aptitude.» C'était la tradition de l'examen intérieur qui subsistait. Au fond et malgré l'appareil des décrets, il était resté, et par la force de l'usage et par la difficulté de procéder autrement, la règle commune pour les lycées. Dans les chefs-lieux académiques où siégeait la faculté, c'était bien devant la faculté que se passait l'examen; mais, à Paris, les professeurs de premier ordre des lycées faisaient de droit partie des facultés[2]; et partout le proviseur et le censeur étaient adjoints aux commissions d'examen; partout aussi le doyen pouvait appeler les professeurs du lycée à prendre séance[3] : des trois membres qui composaient nécessairement le bureau, il suffisait qu'un seul appartînt proprement à la faculté[4]. Dans les académies où il n'existait pas de faculté, le grade était conféré, après examen, par une commission composée du proviseur, faisant fonctions de doyen, du censeur, du professeur de philosophie et du professeur de rhétorique du chef-lieu[5]: les élèves se trouvaient nécessairement avoir leurs maîtres pour juges.

Le statut du 16 février 1810 prescrivait la publicité de l'examen[6]; dans la réalité, la procédure était des plus simples, trop simple même parfois. L'épreuve était exclusivement orale; elle devait durer une demi-heure au moins et trois quarts d'heure au plus[7]. Le candidat se présentait devant le jury, qui, pour les lettres, lui mettait entre les mains un auteur expliqué dans les classes; et sur ce texte ou à l'occasion de ce texte, un entretien s'engageait, que le

[1] Art. 3.

[2] *Statut du 16 février 1810*, art. 59.

[3] *Id.*, art. 23 et 24.

[4] *Id.*, art. 22. — Faute de locaux, presque partout les facultés faisaient leurs cours et tenaient leurs séances au lycée. (Voir la circulaire du 5 avril 1810.)

[5] *Ordonnance du 17 février 1815*, art. 32. — *Arrêté du 31 octobre 1815*, art. 2. — *Ordonnance du 18 janvier 1816*, art. 2.

[6] *Statut du 16 février 1810*, art. 29.

[7] *Id.*, art. 28.

professeur étendait, variait, prolongeait, suivant qu'il trouvait une intelligence plus ou moins ouverte. Il n'était pas interdit d'examiner huit élèves à la fois. C'était une véritable classe. « Je n'ai jamais eu de meilleur cours de latin que le jour de mon baccalauréat », me disait un jour M. Charles Giraud, qui se souvenait d'avoir eu à traduire un passage de Tacite. La véritable garantie de l'examen résidait dans le certificat exigé pour s'y présenter : tout aspirant était tenu de justifier qu'il avait fait une année de rhétorique et une année de philosophie, soit dans un lycée, soit dans une école où ce double enseignement était autorisé, soit dans sa famille[1]. Des mesures sévères étaient prescrites pour prévenir les complaisances. Il était formellement défendu aux professeurs de donner aucun certificat d'études avant la clôture régulière des classes[2] : c'était la pièce fondamentale du dossier.

Le nombre des bacheliers de 1810 à 1820. — « A la vérité, dit un autre témoin de cette période de notre histoire universitaire, M. H. Cournot[3], les écoliers ne se préoccupaient guère du baccalauréat. Ceux-là seuls recherchaient la sanction de l'examen qui en avaient besoin pour se faire inscrire aux facultés de théologie, de droit et de médecine[4], ou pour être admis dans les

[1] *Statut du 16 février 1810*, art. 18 et 20. — *Statut du 15 novembre 1811*, art. 23. — *Arrêté du 26 septembre 1818*. — *Ordonnance du 5 juillet 1820*, art. 2 et 3. — *Statut du 13 septembre 1820*, art. 1 et 2. — *Règlement du 13 mars 1821*, art. 1 et 2. — *Ordonnance du 17 octobre 1821*, art. 1 et 2. — *Arrêté du 15 janvier 1822*, art. 1. — *Arrêté du 17 janvier 1835*. — Cf. *Décision du conseil de l'Université en date du 20 novembre 1812* et *Ordonnance du 5 octobre 1814*, art. 5.

[2] *Arrêté du 5 octobre 1813* : « Le conseil, après avoir entendu la section des études relativement à la mesure à prendre par rapport aux élèves qui, parvenus à leur dernière année, quitteraient le lycée avant la clôture des classes, considérant que cet abus désorganise les classes au moment le plus important des études et qu'il est dès lors essentiellement nuisible à l'intérêt des élèves. . . . . » Cf. *Circulaire du 16 novembre 1813*.

[3] *Des institutions d'instruction publique en France*, IIe part., chap. VIII.

[4] *Décret du 17 mars 1808*, art. 25, 26 et 27. — Cette condition ne fut même exigible pour la faculté de médecine qu'à partir de 1815. (Voir la décision du 14 octobre 1815.) Et on a lieu de penser qu'elle n'était pas très rigoureusement appliquée, puisqu'elle est reproduite comme une nouveauté dans l'ordonnance du 5 juillet 1820, art. 1. La même ordonnance impose le baccalauréat ès sciences pour l'inscription à la faculté de médecine à compter du 10 janvier 1823. (Art. 4.)

séminaires diocésains[1]. » De 1810 à 1818, la faculté des sciences de Paris délivra 95 brevets, soit environ 10 par an; en 1816, il n'y en eut que 1[2]. Pour la faculté des lettres, le chiffre est, en 1810, de 67; en 1811, de 115; en 1812, de 78; en 1813, de 66; en 1814, de 164. S'il s'élève, en 1816, à 843, c'est que l'ordonnance du 17 janvier 1815, ayant d'un seul coup supprimé dix-sept facultés ou centres d'examens[3], Paris vit refluer un flot de candidats. Quelques années plus tard, le nombre retomba à 315, 498, 393. Et il ne semble pas que cette génération où il y avait relativement si peu de bacheliers ait compté moins d'hommes[4].

L'Ordonnance du 13 septembre 1820 : la charte du baccalauréat. — C'est à partir de 1820 que le baccalauréat devient une véritable institution. Le statut du 13 septembre en est la charte.

« La création des facultés des lettres et des sciences, disait la circulaire interprétative du statut organique du 16 février 1810, n'est pas un des moindres bienfaits du décret impérial du 17 mars 1808, ce décret conférant les grades désormais nécessaires pour la plupart des carrières de la vie sociale et politique. » Et le 15 novembre 1811 le Conseil de l'instruction publique était invité à « préparer le

[1] *Décret du 9 avril 1809*, art. 1er. — Cf. *Arrêté du 23 juin 1809.*

[2] On sait qu'on ne pouvait subir l'examen du baccalauréat ès sciences qu'après avoir obtenu le baccalauréat ès lettres. (*Statut du 17 mars 1808*, art. 22.) Le petit nombre des candidats était prévu par les décrets : « Lorsqu'il y a plusieurs élèves d'un lycée qui demandent le baccalauréat à la fin de leurs études de lycée, le proviseur en prévient le doyen et se concerte avec lui. » (*Règlement particulier pour la faculté des sciences de Paris du 10 octobre 1809*, art. 36.)

[3] Facultés des lettres d'Amiens, Bordeaux, Bourges, Cahors, Clermont, Douai, Grenoble, Limoges, Lyon, Montpellier, Nancy, Nîmes, Orléans, Pau, Poitiers, Rennes et Rouen; facultés des sciences de Besançon, Lyon et Metz. — Le nombre fixé dans l'organisation primitive était de 32.

[4] Il convient toutefois de remarquer que les professeurs qui comptaient dix années de service dans l'enseignement pouvaient recevoir par collation les grades de bachelier, de licencié et même de docteur, suivant la classe dont ils étaient chargés, en payant simplement les droits d'examen et de diplôme. (*Décret du 17 septembre 1808*, art. 11. — *Statut du 11 novembre 1826*, art. 179.) — Ce n'est qu'en 1831 (*décision du 5 février*) que fut supprimé le droit d'accorder les grades par collation. Une seule exception a été établie depuis par la loi du 9 août 1849 en faveur des élèves de l'École d'administration.

projet indiquant les professions auxquelles il conviendrait d'imposer l'obligation de prendre les grades[1] ». C'est dans le même esprit que l'ordonnance royale du 18 février 1815 entendait réglementer la collation des diplômes « exigés ou à exiger pour les diverses fonctions et professions ecclésiastiques, politiques et civiles[2] ». Tout ce travail préparatoire aboutit pour le baccalauréat à la déclaration du statut du 13 septembre 1820 : « Voulant, y lisons-nous, assurer à la société la garantie que le grade qui ouvre l'entrée des professions les plus importantes est destiné à lui donner..... » — « Dorénavant, ajoutait l'instruction avec plus de précision encore, le grade de bachelier va ouvrir l'entrée à toutes les professions civiles et devenir pour la société une garantie essentielle de la capacité de ceux qu'elle admettra à la servir[3]. »

A cette déclaration de principe destinée à devenir aussitôt la règle des écoles et des grandes administrations répond une série de mesures étudiées dans les conseils de l'instruction publique, commentées par la presse, discutées au Parlement. De 1830 à 1848, il n'est pas de personnage politique qui n'ait eu à engager son opinion dans le débat[4]. On y rattachait, il est vrai, la discussion de la liberté d'enseignement[5]. Mais cette discussion se trouvait ramenée au baccalauréat, lorsqu'on se transportait sur le terrain des faits pour attaquer le certificat d'études et les privilèges de l'Université. D'autre part, c'est vers l'examen du baccalauréat que convergeaient tous les projets de réforme de l'enseignement. Il était devenu la règle, la mesure, la pierre de touche des études secondaires[6].

(1) Art. 187.

(2) Art. 30.

(3) Circulaire du 19 septembre 1820. — Voir *le Lycée, journal général de l'instruction*, t. V, p. 344.

(4) Voir le projet de loi de M. Guizot (1er février 1836) et le rapport de M. Saint-Marc-Girardin (14 juin 1836); les projets de loi de M. Villemain (10 mars 1841 et 2 février 1844) et le rapport de M. de Broglie (12 avril 1844); le projet de loi de M. Salvandy (12 avril 1847) et les discussions de la Chambre des députés et de la Chambre des pairs.

(5) On sait que la liberté d'enseignement avait été promise par la Charte, art. 69, § 8.

(6) « Voici maintenant, dans leur ordre d'importance et dans leur enchaînement logique, les diverses mesures que j'avais cru devoir prendre dans l'intérêt de l'enseignement national, écrivait V. Cousin exposant et défendant les actes de son ministère. La première de toutes, la plus indispensable, était la réforme du baccalauréat ès lettres....... Il est le terme des études, il les résume,

F. Bastiat, au fond, n'étonnait personne, lorsque, sous une forme paradoxale, il en faisait une question sociale[1].

Cette préoccupation démesurée se trahit notamment dans les modifications successives des programmes et dans la procédure adoptée pour l'examen.

Les programmes. — Aux termes du décret de 1808, l'épreuve du baccalauréat ès lettres était purement orale et portait sur les matières enseignées dans les hautes classes[2]; par hautes classes on entendait exclusivement la rhétorique et la philosophie[3]. A partir de 1820, l'interrogation dut comprendre les matières d'enseignement de toutes les classes supérieures : philosophie, rhétorique et humanités[4]. Le 13 mars 1821, un règlement nouveau ajouta, à titre facultatif, les sciences mathématiques et physiques[5]; et pour donner à l'épreuve plus d'appareil, l'arrêté décida que l'examen de philosophie serait soutenu en latin[6] : mesure qui subsista pendant dix ans[7]. Enfin, le 17 octobre de la même année, une ordonnance rendait obligatoires les éléments des sciences[8]. L'ensemble de l'épreuve devait durer trois quarts d'heure au moins, et il était fait défense d'interroger à la fois plus d'un candidat. Il semble que l'organisme des programmes du baccalauréat fût dès ce moment complet. Cependant de 1821 à 1864 il va se compliquant sans cesse[9]. 1840, 1852, 1857, 1859 marquent les principales étapes de ce développement. Chaque fois qu'un enseignement nouveau vient enrichir les programmes, l'examen grossit et se charge d'autant[10]. «Vous rappelez-vous, écrivait plaisamment E. Bersot, cette page où Rabelais raconte

il les juge. Il est le passage du collège à l'instruction supérieure et à la société.» (*Huit mois au ministère de l'instruction publique*, *Revue des Deux-Mondes*, 1er février 1841.)

[1] *Baccalauréat et socialisme*, par F. Bastiat.

[2] Art. 19.

[3] *Statut du 16 février 1810*, art. 17.

[4] *Statut du 13 septembre 1820*, art. 3.

[5] Art. 3.

[6] Art. 3, 4 et 5.

[7] *Arrêté du 11 septembre 1830.*

[8] Art. 3 et 4.

[9] *Statut du 13 mars 1821*, art. 7.

[10] Voir l'arrêté du 25 mars 1848 relatif à la cosmographie.

comment un procès grandit ; c'est d'abord un sac informe; puis, par les soins des gens de justice, il pousse une tête, une queue, des oreilles, des dents, des pattes et des griffes jusqu'à ce qu'il devienne un animal parfait : telle est l'histoire du baccalauréat [1] ».

En 1830, à l'examen oral jugé insuffisant, non sans raison d'ailleurs, pour justifier les privilèges attachés au diplôme, fut jointe une épreuve écrite : tout candidat au baccalauréat ès lettres était tenu « d'écrire instantanément un morceau en français, soit de sa composition, soit en traduisant un passage d'un auteur classique [2]. » En 1840, Victor Cousin substitua à la composition française « une version latine de la même force et de la même étendue que celles qui se donnent en rhétorique [3] » : réforme excellente, aucune épreuve ne pouvant mieux permettre de constater le savoir acquis, l'intelligence et même le talent. Mais pour accomplir cette amélioration, le Ministre avait eu à résister aux entraînements de l'opinion, qui ne réclamait pas moins de trois, quatre et cinq épreuves écrites [4]; et afin de ne pas trop heurter le mouvement des esprits, il dut augmenter l'importance de cette composition unique et lui donner un caractère éliminatoire. Les épreuves orales comprenaient elles-mêmes deux parties distinctes : l'explication des textes et les interrogations. Dans l'explication des textes, une place était donnée pour la première fois aux classiques français. Les sujets d'interrogation restaient les mêmes; mais, pour chacun d'eux, le champ était élargi. Déjà, en 1832 [5], le programme de philosophie avait été sensiblement étendu; on en confirmait le cadre. Les sciences, l'histoire, la géographie recevaient à leur tour une ampleur nouvelle. En même temps le nombre des membres du jury était porté de trois à cinq, et un professeur d'histoire y était introduit pour compléter la représentation des spécialités. Enfin, l'identité de procédure étant considérée comme une forme essentielle de l'unité nationale, les diversités qui avaient été tolérées jusque-là dans l'interprétation du règlement étaient interdites dans toutes les fa-

(1) *Questions d'enseignement, Lettres sur l'enseignement*, douzième lettre.

(2) *Arrêté du 9 février 1830.*

(3) *Règlement du 14 juillet 1840*, art. 15.

(4) *Circulaire du 17 juillet 1840.* Trois académies proposaient cinq compositions; six académies, quatre; trois académies, trois; cinq académies, deux.

(5) *Arrêté du 18 septembre.*

cultés et commissions du royaume; l'arrêté du 14 juillet devait être rigoureusement observé.

En 1848, le certificat d'études ayant été aboli [1] conformément aux principes de la Constitution républicaine [2], et le droit reconnu aux candidats de se présenter au baccalauréat sans autre condition que celle de l'âge [3], il fallut chercher un complément de garanties. L'épreuve écrite fut doublée : on demanda, outre la version, une composition, latine ou française, suivant que le sort en déciderait [4], et la composition latine ne tarda pas à prévaloir exclusivement [5]. Deux heures étaient accordées pour la version, quatre pour la composition; l'examen oral n'avait plus lieu que le lendemain et il ne devait pas durer moins d'une heure

Ce n'étaient pas seulement les matières de l'examen qui se compliquaient, c'étaient les examens eux-mêmes. L'histoire des variations du baccalauréat ès sciences est particulièrement intéressante à suivre sur ce point. A l'origine, nul ne pouvait prétendre au diplôme des sciences qui ne fût muni du diplôme des lettres [6], et le baccalauréat ès sciences était nécessaire pour prendre des inscriptions à la faculté de médecine [7]. Mais on avait presque aussitôt reconnu qu'il y avait intérêt à distinguer dans l'examen des sciences ce qui convenait à la préparation aux études médicales. En 1821, à côté du baccalauréat des sciences mathématiques proprement dites, un baccalauréat des sciences physiques et naturelles avait été institué [8]. Plus tard, sur cette seconde branche du baccalauréat on avait greffé un baccalauréat spécialement approprié aux candidats à l'agrégation de philosophie [9]. Après des vicissitudes di-

[1] *Décret du 16 novembre 1849.*

[2] Art. 9.

[3] *Loi du 15 mars 1850*, art. 63.

[4] *Décret du 10 août 1852*, art. 8. — *Règlement du 5 septembre 1852*, art. 8.

[5] *Arrêté du 3 août 1857.*

[6] *Statut du 16 février 1810.*

[7] *Ordonnance du 5 juillet 1820*, art. 4. — *Arrêté du 9 septembre 1823*, art. 1 à 6.

[8] *Règlement du 25 septembre 1821*, art. 1er : «Les aspirants au baccalauréat ès sciences seront admis à des examens différents, selon qu'ils se proposeront d'enseigner les sciences mathématiques ou de se livrer aux sciences naturelles et à la médecine. Il en sera fait mention sur leurs certificats de capacité et sur leurs diplômes.» — Cf. *règlement du 8 juin 1848*, art. 2 : «Le baccalauréat dit baccalauréat ès sciences physiques est exigible pour les élèves en médecine.»

[9] «Les candidats à l'agrégation de philosophie qui se présenteront au baccalau-

verses [1], c'est à cette division judicieuse qu'avait finalement abouti, en 1848, la constitution du baccalauréat ès sciences [2]. Sous l'empire des préoccupations systématiques du plan d'études de 1852 et des règlements de 1854, on avait ramené ces épreuves distinctes à l'unité [3], mais pour les diviser à nouveau le lendemain et multiplier les variétés. Bref, en 1859 il n'existait pas moins de cinq baccalauréats ès sciences : le baccalauréat complet [4], le baccalauréat scindé qu'on pouvait subir en deux parties à une année d'intervalle [5], le baccalauréat restreint ou baccalauréat des aspirants au doctorat en médecine [6], le baccalauréat complémentaire, celui par lequel on complétait à son heure les épreuves du baccalauréat restreint [7], enfin le baccalauréat à l'usage de ceux qui, étant déjà bacheliers ès lettres, n'avaient plus à justifier de leur aptitude littéraire [8]. Guidés par leur intérêt et par le Manuel, les candidats, paraît-il, s'y reconnaissaient encore; les examinateurs ne s'y retrouvaient plus.

La procédure des épreuves orales : le tirage au sort; le jury. — On n'est pas moins surpris lorsqu'on se représente la procédure des épreuves orales.

Cherchant des garanties, puisque telle était la visée de l'ordonnance de 1820, il semble qu'on ne pût les trouver nulle part mieux que dans la libre conscience du juge. Mais on se défiait du juge. Pour le défendre de toute tentation de partialité ou de toute suspicion d'entraînement, on n'avait imaginé rien de mieux que d'enchaîner son droit d'appréciation. Tous les objets des épreuves étaient

réat ès sciences physiques seront dispensés de répondre à la partie du programme de cet examen relative à la chimie et à l'histoire naturelle.» (*Arrêté du 23 février 1837.*)

[1] L'ordonnance du 18 janvier 1831 avait rapporté l'article 5 de l'ordonnance du 5 juillet 1820 qui obligeait les étudiants en médecine à prendre préalablement le baccalauréat ès sciences. L'ordonnance du 9 août 1836 l'avait fait revivre. — Plus tard, le décret du 10 août 1852 (art. 12) avait de nouveau supprimé cette obligation, et de nouveau le décret du 23 août 1858 (art. 2) l'avait rétablie.

[2] *Règlement du 8 juin 1848.*

[3] *Règlements des 7 septembre 1852 et 7 août 1857.*

[4] *Décret du 10 avril 1852*, art. 9.

[5] *Arrêté du 6 décembre 1859*, art. 1 à 3.

[6] *Arrêté du 24 janvier 1859*, art. 1 à 6.

[7] *Décret du 23 août 1858*, art. 3.

[8] *Arrêté du 7 août 1857*, art. 16.

partagés en séries numérotées[1]; le candidat tirait un certain nombre de boules, une boule par matière, et c'étaient ces boules qui décidaient de la direction donnée à l'interrogation : heureux si la fortune n'avait pas trahi son ignorance générale; malheureux, quel que fût d'ailleurs son mérite, s'il avait amené une boule qui atteignît quelque faiblesse particulière[2]! Jusqu'en 1849 le certificat d'études resta une sauvegarde. Mais, après comme avant, si haute était l'importance qu'on attachait à l'examen, qu'on ne sentait pas ce qu'avait d'étrange cette façon de juger les résultats de huit ans de discipline intellectuelle[3]. On n'était touché que de l'apparente gravité du système. Victor Cousin, qui avait vu pourtant et admiré la conduite des examens en Allemagne, avait dû mettre le programme de philosophie en numéros.

[1] *Règlement du [illegible] mars 1821*, art. 6. Le texte vaut la peine d'être rappelé : «Les objets de l'examen seront tirés au sort. On rédigera, à cet effet, un tableau, en trois séries, des questions principales qui pourraient être proposées sur les matières de l'examen. La première série embrassera la connaissance des auteurs grecs et latins et la rhétorique; la seconde, l'histoire et la géographie; la troisième, la philosophie. On disposera dans trois urnes des boules portant des numéros correspondant à ces questions, et chaque boule qui sera extraite des urnes indiquera la question à laquelle le candidat devra répondre.» *Règlement du 14 juillet 1840*, art. 20, 21 et 22. — *Règlement du 26 novembre 1849*, art. 14, 15 et 16.

[2] Ce n'est qu'en 1857 qu'on paraît avoir été frappé des inconvénients du système. «Un seul sujet restreint, indiqué par le sort, même lorsqu'il n'est pas convenablement traité, ne prouve pas l'ignorance absolue du candidat, dit une circulaire du 14 août; et cependant il est noté comme ignorant, parce qu'il n'a aucun moyen de racheter l'insuffisance de son instruction sur un point déterminé. Le succès, en pareil cas, ne prouve pas davantage en faveur de ses connaissances acquises. Le sort a d'étranges caprices, et il a bien pu lui assigner une question tout à fait élémentaire dont les préparateurs ont fourni d'avance la réponse. Il était nécessaire de rendre à l'examen le caractère d'un jugement équitable en cessant d'enfermer les candidats et les juges dans le cercle étroit et infranchissable d'une question unique.» Conformément à ces intelligentes observations, dans chaque numéro on avait groupé deux ou trois questions : par exemple, pour l'histoire une question d'histoire ancienne, une question d'histoire du moyen âge, une question d'histoire moderne et une question de géographie, qui fournissaient à la fois au professeur et au candidat une sorte de recours contre une réponse insuffisante. Mais le sort restait le maître de la direction générale de l'examen. «Toutes les parties de l'examen sont également obligatoires, stipulait l'article 18 du règlement du 7 août 1857; le candidat qui ne voudrait ou ne pourrait répondre à aucune des questions comprises dans le numéro que le sort lui aurait assigné est ajourné, sans qu'il soit passé outre à la suite de l'examen, si le jury, après délibération, décide que le candidat est absolument nul sur cette partie.»

[3] *Arrêté du 28 septembre 1832.*

Cette mainmise du sort sur les épreuves ne semblait pas encore une précaution suffisante, en présence d'un intérêt d'une telle portée. Les locaux mêmes étaient suspects. Faute de salles suffisamment spacieuses, on avait dû pendant longtemps faire les examens au collège; le collège avait été interdit : s'il ne se trouvait pas au siège de la faculté une enceinte convenable, c'était la salle du conseil académique qui devait être affectée à la solennité [1]. A plus forte raison devait-on se tenir en garde contre la composition du jury. Il fallut éliminer des commissions où ils siégeaient, d'abord les proviseurs et les censeurs [2], puis les professeurs de lycée [3]. Les maîtres de l'enseignement supérieur ne pouvaient guère manquer d'avoir leur tour. En 1844, un projet de loi fut adressé aux Chambres qui proposait de substituer aux jurys des quinze facultés un jury unique choisi par le sort (c'était l'arbitre infaillible) au sein de l'Institut et ainsi composé : trois membres de l'Académie des sciences pour les sciences mathématiques, chimiques et naturelles; trois de l'Académie française pour la littérature, la rhétorique et la philosophie; trois de l'Académie des inscriptions et belles-lettres pour les langues modernes et anciennes, la géographie et l'histoire générale. Ce jury central devait parcourir les départements une fois par an, afin d'examiner les candidats tant au baccalauréat qu'à la licence et au doctorat. « L'intervention de l'Institut dans tous les examens, disait-on, produira un effet des plus salutaires à cause de la supériorité même de ses membres, qui possèdent une connaissance approfondie de tous les systèmes et de toutes les découvertes de l'esprit humain [4]. »

La préparation aux examens : le règne du Manuel; les faussaires. — Cette singulière disproportion de moyens, qui montre quelle fausse conception l'opinion était arrivée à se faire du baccalauréat, éclate plus manifestement encore lorsqu'on la rapproche des procédés auxquels on ne craignait pas d'avoir recours pour obtenir un

(1) *Arrêté du 14 juillet 1840*, art. 9.

(2) *Ibid.*, art. 11.

(3) *Ordonnance du 1er janvier 1847.*

(4) *Études sur l'instruction secondaire, suivies d'un projet de loi avec exposé des motifs adressé à MM. les membres des Chambres législatives*, par P.-E. Gasc fils. — Cf. Ch. Lenormant, *Essais sur l'instruction publique*, *Du certificat d'aptitude*, p. 265.

succès d'examen. Une industrie s'était formée qui, à l'aide de Manuels, se chargeait de préparer les jeunes gens, en quelques mois, à forfait [1]. Bien plus, des faussaires de métier parcouraient les facultés, se présentant sous des signatures empruntées, changeant de nom, d'âge et de condition, et passant un examen, bon ou médiocre, suivant le prix.

L'État ne négligeait aucun moyen de déjouer ces artifices et de combattre ces supercheries criminelles. Pour s'assurer de la régularité des études, il exigeait spécialement le certificat de rhétorique en même temps que le certificat de philosophie, — l'usage s'étant établi, par une sorte de relâchement, de se contenter du dernier, qui supposait, mais qui ne garantissait pas toujours la possession du premier [2]. On avait, d'autre part, prescrit aux commissions de ne procéder aux examens qu'après la distribution des prix, pendant les vacances, afin de laisser aux élèves le complet bénéfice de l'année de travail [3]. M. de Salvandy avait même pensé à créer, sous le nom de bulletin scolaire, une sorte de livret d'études qui aurait permis d'embrasser dans son ensemble la vie du candidat. On avait aussi modifié le questionnaire : le nombre des numéros était pour les préparateurs une aisance, par cela même qu'il était une gêne pour l'examinateur, qui ne pouvait sortir du terrain étroit où la question l'enfermait; afin de permettre au juge d'étendre ses investigations, les numéros avaient été réduits de quatre cents à cent quarante-six d'abord, puis à soixante-neuf [4]. En même temps on avait cessé d'indiquer sur la liste annuelle des auteurs les passages sur lesquels les candidats pourraient être interrogés; le sort ne devait plus désigner que l'ouvrage où l'examinateur était libre de choisir les quelques lignes qu'il lui paraissait bon de faire expliquer [5]. On avait de plus interdit les cours préparatoires, c'est-à-dire les cours spécialement ouverts en vue de l'examen dans des établissements qui, aux termes de la législation

[1] «Ils passent aux mains d'entrepreneurs qui se chargent de mettre en six mois l'être le plus inepte en état de répondre aux questions des examinateurs; et ils réussissent plus souvent qu'ils n'échouent dans leur entreprise.» Ch. Lenormant, *Essais sur l'instruction publique*, ch. I, p. 155.

[2] *Arrêtés du 17 juillet 1835 et du 21 février 1840.*

[3] *Circulaire du 24 juillet 1838.*

[4] Voir Jules Simon, *La réforme de l'enseignement secondaire*, p. 74.

[5] *Circulaire du 1er décembre 1839.*

existante, n'avaient pas qualité pour fournir l'enseignement régulier de la rhétorique et de la philosophie[1]. On s'attachait surtout à prévenir les substitutions : le règlement primitif du 13 mars 1821 se bornait à provoquer avant l'examen une déclaration d'identité[2]; l'arrêté du 11 août 1837 exigeait que tout certificat d'études fut précédé de la demande du candidat écrite en entier par lui et signée de ses nom et prénoms[3]. Nul ne pouvait d'ailleurs subir l'examen qu'au chef-lieu, soit de l'académie où il avait terminé ses études, soit de celle où il avait son domicile reconnu[4]; et la loi punissait sévèrement les fraudes.

Mais le nombre même et le caractère de ces prescriptions sans cesse rappelées indiquent combien les abus étaient enracinés[5]. La suppression du certificat d'études ne contribua pas à les détruire. Le souvenir en est resté dans les annales de l'Université. Il n'est peut-être pas de témoignage qui fasse plus tristement ressortir le danger de l'importance attribuée au diplôme et des coupables convoitises qu'il excitait en paraissant les justifier. Aurait-on jamais imaginé ces ruses et ces contrefaçons, aussi funestes à la moralité qu'aux études de la jeunesse, si le baccalauréat n'avait été la porte de toutes les carrières, la clef de toutes les positions[6] ?

Le décret du 27 novembre 1864. — En abolissant le tirage au sort et les questionnaires numérotés, M. V. Duruy a rendu au jugement son vrai caractère, au juge son indépendance et sa dignité. En faisant exclusivement porter les épreuves orales sur les programmes de la rhétorique et de la philosophie pour le bacca-

[1] *Arrêté du 28 août 1838.*

[2] Art. 1.

[3] Art. 1 et 2.

[4] *Règlement du 13 mars 1821*, art. 21. — *Arrêté du 28 octobre 1847*, art. 2. — *Circulaire du 3 novembre de la même année.*

[5] « Les mesures prescrites pour déjouer les réceptions frauduleuses ont fait, en grande partie, disparaître les abus qui avaient excité de si justes plaintes. » (*Circulaire du 8 mai 1840.*)

[6] Le nombre des carrières que le diplôme ouvrait ou dont il facilitait l'accès était cependant moins considérable qu'il ne l'est devenu depuis. Aujourd'hui, en dehors des fonctions dans l'enseignement secondaire public ou libre, — fonctions d'administration comme fonctions d'enseignement, — le baccalauréat est exigé pour les emplois d'administration au Ministère de l'instruction publique, le surnumérariat de 1re classe dans l'administration centrale des finances, le surnumérariat dans l'Enregistrement, les Domaines et le Timbre, les emplois supérieurs de la

lauréat ès lettres, des mathématiques élémentaires pour le baccalauréat ès sciences, il a sagement soulagé l'intelligence des candidats du poids des connaissances universelles que représentait l'indigeste Manuel. Il a, de plus, régularisé et élargi le courant naturel de l'enseignement secondaire, en supprimant tous les baccalauréats parasites et en n'en reconnaissant que deux : le baccalauréat littéraire et le baccalauréat scientifique, sauf à laisser pour ce dernier une issue spéciale vers les études médicales[1]. C'est la voie dans laquelle M. Jules Simon pensait à le maintenir[2], et telle a été aussi la pensée du décret du 25 juillet 1874[3]. Qu'on soutienne ou qu'on critique l'institution du baccalauréat scindé, il est incontestable qu'elle procède de l'intention de mieux assurer le succès du travail régulier, et d'atténuer, sinon de supprimer, le caractère encyclopédique et aléatoire des épreuves.

culture et de la comptabilité dans l'administration générale des manufactures nationales de tabac, l'emploi de rédacteur au Ministère de l'intérieur, l'emploi de commis stagiaire au Ministère de la guerre.

Le diplôme ès lettres dispense de l'examen d'admission pour l'entrée à l'École des langues orientales vivantes.

Le diplôme ès sciences est exigé pour l'École polytechnique et le diplôme ès lettres assure un avantage de 15 points.

Le diplôme ès lettres (1re partie) est exigé pour Saint-Cyr. Le diplôme complet ou le diplôme ès sciences avec le certificat de la première partie pour les lettres assure un avantage de 20 points. les deux diplômes complets donnent 50 points.

Pour le Prytanée militaire, le certificat de la première partie du baccalauréat ès lettres ou le diplôme de bachelier ès sciences permet d'entrer à dix-huit ans.

Pour l'École navale, le certificat d'aptitude à la première partie du baccalauréat ès lettres donne 20 points

Pour l'Institut agronomique, le baccalauréat ès sciences dispense des examens d'entrée.

Pour l'École forestière, le diplôme ès lettres cumulé avec le diplôme ès sciences assure 50 points.

Pour l'École des hautes études commerciales et pour le volontariat, la possession de l'un des deux diplômes dispense de l'examen d'admission.

La faculté de médecine et de pharmacie de Lyon demande que le diplôme soit exigible pour toutes les carrières dont l'État dispose, quelles qu'elles soient. (*Enquête*, p. 410.)

[1] *Décret du 27 novembre 1864.*

[2] Jules Simon, *La réforme de l'enseignement secondaire*, p. 78.

[3] Voir le discours prononcé à la distribution des prix du Concours général, par M. de Cumont, le 5 août 1874.

La persistance des préoccupations d'examen. — Mais si l'esprit de l'examen a été, dans une certaine mesure, heureusement modifié, l'examen n'est-il pas resté, je ne dis pas le terme désiré, — rien n'est plus légitime, — mais le but unique des études et leur raison d'être pour la plupart des candidats? Le baccalauréat a-t-il cessé de hanter les rêves des jeunes gens et des familles, moins pour la valeur d'intelligence et de savoir qu'il exprime ou qu'il est censé exprimer que pour les droits qu'il confère[1]? On en parle encore à la tribune parlementaire comme autrefois, et, comme autrefois aussi, ce n'est pas pour demander qu'il soit la marque indiscutable des solides études, mais pour se plaindre que les difficultés dont on l'entoure en fassent une barrière infranchissable au plus grand nombre. Il y a trois ans, dans une académie où l'adoption des examens régionaux avait permis de serrer d'un peu plus près le jugement, le nombre des candidats admis ayant baissé de près d'un quart, ce fut une clameur publique dans tous les départements intéressés: que deviendraient les jeunes gens à qui l'on fermait ainsi l'accès de tous les emplois et comme l'accès de la vie[2]?

[1] Ceux qui défendent le plus énergiquement l'institution du baccalauréat n'en disconviennent pas, «s'il y a encore des élèves dans les classes de nos lycées, c'est que le baccalauréat est exigé à l'entrée de toutes les carrières spéciales». (*Enquête*, lycée d'Orléans, p. 730.) — «Le baccalauréat cesse trop souvent d'être la consécration des études pour en devenir l'objet exclusif, et il semble ainsi aller contre le but même de son institution.» (*Ibid.*) — «Malheureusement le baccalauréat n'a réellement de valeur que grâce aux privilèges qui y sont attachés.» (Lycée de Pontivy, p. 833.) — «L'influence pernicieuse du baccalauréat sur les études, dit-on ailleurs, s'explique par l'influence extraordinaire qu'il a prise aux yeux des élèves, des familles et même de la loi par les avantages qu'il rapporte. Il n'est pas ce qu'il devrait être : l'attestation d'études secondaires régulièrement, consciencieusement faites, la sanction naturelle et dernière de l'enseignement donné au lycée et au collège..... C'est un examen solennel et hasardeux qui confère un diplôme d'émancipation scolaire définitive, véritable signe d'émancipation qui donne l'accès de presque toutes les carrières.» (Lycée de Montpellier, p. 488.) — Voir dans l'*Instruction publique*, du 23 mai 1885, les réflexions de M. E. A. Hild, professeur à la faculté des lettres de Poitiers, sur la *Réforme du baccalauréat et le volontariat.*

[2] «La presse s'est émue chaque fois qu'elle a connu le nombre des échecs qui se produisent à la suite des examens du baccalauréat ès lettres, et vous ne serez pas surpris de cette émotion quand vous vous rappellerez que ces échecs s'élèvent en moyenne à 70 ou 80 p. 100 — je dis 80 p. 100; — je pourrais peut-être dire davantage, si je rappelais que ce chiffre s'applique aux élèves qui se présentent pour

C'est toujours ce laisser-passer auquel on prétend. Vienne le moment de le prendre, on y sacrifie tout. Je ne parle pas des maisons de refuge ou d'expiation qui sont, — ceux qui les dirigent avec succès ne nous démentiront pas, — la justification la plus saisissante de nos observations; j'entends les lycées et les collèges où les cours des deux dernières classes sont convertis en pure préparation[1]. Ne trouve-t-on pas chez le professeur une assistance suffisamment étroite et aveugle, on se retire. Même à Paris, faut-il le dire? dans nos plus grands, dans nos meilleurs externats, dès le mois de juin les jeunes gens quittent les bancs, quelque raisonnement, tiré de leurs propres intérêts, qu'on leur oppose. Ils rompent avec les études. Leur unique souci est de ramasser leur petit bagage et de se faire la main. Pour s'assurer tellement quellement ce qu'on n'apprend que pour l'oublier, comme dit énergiquement Kant[2], *in futuram oblivionem*, — je veux dire avec Kant lui-même, ce qui ne sert qu'à l'examen, — ils sacrifient de gaieté de cœur ce qui est le fruit durable de l'effort scolaire régulièrement poursuivi. Ils se privent du bénéfice de ces vives et chaudes lumières qui, à la fin d'une année de rhétorique ou de philosophie, se dégagent des dernières leçons d'un cours bien fait. Quant aux parents, ils ne se bornent pas à tolérer ces désertions, ils les encouragent; et pour en obtenir la sanction, il ne leur en coûte pas toujours assez de nous payer de motifs que la conscience de leurs propres enfants ne reconnaît pas. Et à côté de ces jeunes gens qui s'absentent de la classe, combien s'absentent dans la classe même! On est tellement habitué à ce travail de la dernière heure entrepris en vue du parchemin, qu'on s'en félicite[3]. Nous l'avons relevé : si le

la première fois devant les examinateurs. Quoi qu'il en soit, il en résulte évidemment un désappointement considérable dans les familles. Les jeunes gens se découragent; et alors que vont-ils devenir? Ah! c'est ici que la gravité de la question éclate et m'émeut. Oui, je le répète, que voulez-vous qu'ils fassent? que vont-ils faire?» (Chambre des députés, 2 décembre 1882, discours de M. Chevandier de Valdrôme.)

[1] «Il n'y a peut-être pas vingt établissements en France (lycées ou collèges) où l'on fasse en rhétorique et en philosophie un enseignement de rhétorique et de philosophie.» (*Enquête.*)

[2] *Pédagogie*, A, § 3. — Voir E. Lavisse, *Questions d'enseignement national*, p. 68-69. — Voir aussi, dans la *Revue historique* (n° de mai-juin 1885), les observations de M. G. Monod (*Bulletin de la France*).

[3] Voir notamment le rapport du recteur de l'académie d'Aix (*Enquête*, p. 39.)

plus grand nombre des professeurs et des chefs d'établissement demandent le maintien du baccalauréat scindé pour les lettres, et si quelques-uns seraient prêts à approuver la même mesure pour les sciences, c'est qu'à leurs yeux le travail y gagnerait d'être assuré pour deux ans, le commun des élèves ne commençant à faire effort que lorsqu'ils entrevoient l'examen qui est la condition de tout le reste. L'effort est sérieux en effet : un de ces nombreux visiteurs étrangers qui aiment à pénétrer dans nos classes, et dont il est toujours bon de recueillir les impressions, m'en faisait tout récemment la remarque : « Que n'obtiendriez-vous de la masse de vos élèves, disait-il, s'ils consacraient seulement à l'ensemble des études, pendant toute la durée de leurs classes, le quart des forces qu'ils dépensent à s'entraîner pour le baccalauréat ! »

Les résultats du baccalauréat. — La valeur des épreuves. — Quels sont donc, en dernière analyse, les résultats de cette contention tardive ?

Nous avons entendu tout à l'heure les facultés, presque toutes les facultés, déclarer que le diplôme ne leur présente pas, pour les études supérieures, une garantie suffisante, et leur opinion n'est que trop confirmée par les notes d'examen. C'est assurément un des vices de l'institution du baccalauréat que le diplôme couvre tout : les ignorances comme les supériorités en telle ou telle matière. Dans les pays qui ne connaissent que le certificat de maturité, la pièce délivrée constate d'une façon sommaire la valeur du candidat pour chacune des épreuves qu'il a subies. Il a été question plus d'une fois d'introduire cet usage en France ; il semblait avec raison plus digne pour le candidat, plus loyal pour la commission d'examen, plus sûr pour la société. Nos habitudes de générosité un peu naïve parfois, peut-être aussi nos préjugés d'égalité, ont fait écarter cette saine innovation. On a préféré laisser au bachelier tout le bénéfice de son succès tant bien que mal acquis ; on n'a pas cru qu'il pût être utile de l'éclairer sur ce qu'il avait à perfectionner ou à apprendre, et d'avertir ceux entre les mains ou sous l'autorité desquels il passerait des lacunes qu'il devait combler. Il a paru qu'il suffisait de résumer dans une note d'ensemble, *très bien*, *bien*, *assez bien*, *passablement*, la valeur générale de l'épreuve. Encore ce mode d'appréciation a-t-il eu beaucoup de peine à s'établir[1]. Quoi qu'il en soit, voici ce que donne le total de ces diverses mentions, additionnées, pour chaque groupe d'examens, depuis 1882 dans toute la France[2].

	TRÈS BIEN.	BIEN.	ASSEZ BIEN.	PASSABLEMENT.	TOTAL.
Baccalauréat ès lettres :					
1re partie...........	63	1,015	3,522	9,340	13,940
2e partie...........	55	787	2,504	7,774	11,120
Baccalauréat ès sciences :					
Complet............	86	646	1,745	5,245	7,722
Restreint...........	17	154	355	1,234	1,760
	221	2,602	8,126	23,593	34,542

D'où l'on voit que la proportion des bacheliers qui dépassent plus ou moins le niveau de l'examen est de 31.70 p. 100, tandis que celle des candidats qui l'atteignent tout juste s'élève à 68.30 p. 100. Quant à ceux qui donnent satisfaction complète, je parle des *bien* et des *très bien*, ils ne comptent pas dans l'ensemble pour plus de 8.17 p. 100. J'ai hâte, il est vrai, d'ajouter que parmi les *passable* il en est plus d'un dont la valeur est supérieure à la note : l'expérience prouve tous les jours, et c'est un des justes griefs souvent reproduits, qu'en embrassant un trop grand nombre de matières et en portant sur trop de candidats à la fois, l'examen oblige le juge à se tenir dans une sorte de moyenne qui ne mette en défaut ni sa rigueur ni son indulgence[3]. Ainsi a-t-on pu dire avec raison « que la médiocrité est la loi du baccalauréat »[4].

(1) Cette appréciation a été prescrite pour la première fois par V. Cousin. (*Règlement du 14 juillet 1840*, art. 27.)

(2) J'ai pris ces trois dernières années parce que c'est surtout depuis 1882 que les facultés, sur l'invitation de l'Administration supérieure, ont noté exactement la valeur de chaque examen.

(3) Voir dans l'*Enquête*, p. 385, les observations du recteur de l'académie de Grenoble.

(4) *Enquête*, faculté des lettres de Poitiers, p. 787. — Cf. faculté des lettres de Bordeaux, p. 99. = Lycée de Toulouse, p. 877.

Le nombre des admissions. — C'est donc par le nombre des admissions qu'il convient plutôt d'en juger les effets.

Chaque année nous aimons à relever le nombre des diplômes obtenus dans nos lycées ou collèges; et ces succès assurément, — puisque telle est l'unique sanction des études, — ne sont ni sans intérêt ni sans honneur : les chiffres paraissent satisfaisants, lorsqu'on les groupe.

Depuis vingt ans, les vingt-quatre collèges de l'académie de Paris n'ont pas produit moins de 634 bacheliers ès sciences; depuis dix ans, c'est-à-dire depuis l'établissement du baccalauréat scindé, nous comptons 577 diplômes représentant la première partie du baccalauréat ès lettres et 388 la seconde.

Dans les lycées, c'est à 4,586 que s'élève, pour le même laps de temps, le nombre des diplômes de sciences complets :

Paris	3,303
Départements	1,283

Celui des diplômes de lettres atteint, depuis 1874, 3,694 pour la première partie :

Paris	2,648
Départements	1,046

2,697 pour la seconde :

Paris	1,920
Départements	777

Mais si l'on cherche dans l'ensemble de ces chiffres la proportion exacte des succès annuels, qu'arrive-t-on à constater?

De 1878 à 1884, — pour ne prendre que cette période, — à suivre le mouvement des examens subis devant toutes les facultés de France, on trouve qu'au baccalauréat ès lettres, le nombre proportionnel des candidats admis varie, pour la première partie, de 36,18 p. 100 à 41,88 p. 100; pour la seconde, de 43,63 p. 100 à 48,1[illegible] p. 100; qu'au baccalauréat ès sciences complet, il oscille entre 34,62 p. 100 et 38,80 p. 100; enfin, qu'au baccalauréat restreint, il va de 38,85 p. 100 à 45,44 p. 100.

Les facultés de Paris, prises isolément, donnent une proportion maximum un peu plus élevée quant au baccalauréat ès lettres : première partie, 42,87 pour 100; seconde partie, 55,15 pour 100. Pour le baccalauréat ès sciences, au contraire, la proportion maximum est légèrement inférieure : 36,93 pour 100,

(1) On rapprochera utilement ces chiffres de ceux de la première session de 1885 (juillet-août). Si la proportion des succès est un peu plus élevée, c'est qu'elle repré-

FACULTÉS.	NOMBRE des CANDIDATS		RÉSULTAT des EXAMENS.				MENTIONS.					CANDIDATS BACHELIERS ÈS SCIENCES.			
	inscrits.	examinés.	Éliminés après l'épreuve écrite.	Ajournés après l'épreuve orale.	Admis au grade.	Proportion des admis pour 100 examinés.	Très bien.	Bien.	Assez bien.	Passablement.	TOTAL.	Éliminés après l'épreuve écrite.	Ajournés après l'épreuve orale.	Admis au grade.	TOTAL.
PREMIÈRE PARTIE (RHÉTORIQUE).															
Paris	2,000	1,985	1,024	86	878	44	2	65	287	524	878	»	»	»	»
Aix	360	344	190	14	140	40	1	9	25	105	140	»	»	»	»
Besançon	119	119	53	11	55	46	»	6	20	29	55	»	»	»	»
Bordeaux	422	421	277	11	133	31	1	11	36	85	133	»	»	»	»
Caen	419	419	184	47	188	44	2	31	64	91	188	»	»	»	»
Clermont	311	309	209	14	86	27	»	»	17	69	86	»	»	»	»
Dijon	235	235	130	20	85	36	»	6	19	60	85	»	»	»	»
Douai	559	558	279	71	208	37	1	26	47	134	208	»	»	»	»
Grenoble	186	184	105	16	63	34	2	8	11	42	63	»	»	»	»
Lyon	630	621	305	49	267	42	4	24	59	180	267	»	»	»	»
Montpellier	361	361	198	13	150	41	»	13	51	86	150	»	»	1	1
Nancy	220	218	105	11	102	46	»	20	25	57	102	»	»	1	1
Poitiers	454	451	273	31	147	32	»	6	26	115	147	»	»	»	»
Rennes	698	696	274	61	361	51	10	33	121	197	361	»	»	1	1
Toulouse	672	671	382	47	242	36	»	9	61	172	242	»	»	»	»
École d'Alger	66	66	30	10	26	39	1	4	4	17	26	»	»	»	»
TOTAUX	7,712	7,661	4,018	512	3,131	40	24	271	873	1,963	3,131	»	»	3	3
DEUXIÈME PARTIE (PHILOSOPHIE).															
Paris	1,333	1,344	523	43	776	57	3	94	270	409	776	14	»	40	5
Aix	215	199	83	26	88	44	1	8	14	65	88	»	»	»	»
Besançon	82	81	28	5	48	59	1	6	8	33	48	»	»	1	1
Bordeaux	230	230	117	20	93	40	»	3	26	64	93	4	»	2	6
Caen	251	251	85	17	149	59	1	27	40	81	149	»	»	2	2
Clermont	137	136	83	6	47	34	»	4	13	30	47	»	»	»	»
Dijon	121	119	66	»	53	44	»	6	9	38	53	2	»	2	4
Douai	293	293	117	19	157	53	»	10	51	96	157	»	»	5	5
Grenoble	172	167	74	16	77	46	»	9	23	45	77	»	»	1	1
Lyon	374	369	179	36	154	41	»	8	29	117	154	»	»	2	2
Montpellier	193	192	104	3	85	44	2	12	27	44	85	»	»	2	2
Nancy	133	133	51	19	63	47	»	11	8	44	63	1	»	1	2
Poitiers	237	232	79	14	139	59	2	7	29	101	139	1	»	4	5
Rennes	404	403	234	60	159	39	»	14	29	116	159	1	»	1	2
Toulouse	384	383	77	62	244	63	»	4	43	197	244	»	1	1	2
École d'Alger	34	34	12	2	20	58	»	3	1	16	20	1	»	»	1
TOTAUX	4,613	4,566	1,916	298	2,352	51	9	216	620	1,497	2,352	24	1	64	89

baccalauréat complet; 44,62 pour 100, baccalauréat restreint[1].

sente dans l'ensemble du résultat annuel l'élément le plus favorable, les échecs étant toujours sensiblement plus nombreux à la session de novembre qu'à celle de juillet.

FACULTÉS.	NOMBRE des CANDIDATS		RÉSULTAT des EXAMENS.				MENTIONS.					CANDIDATS BACHELIERS ÈS LETTRES.			
	inscrits.	examinés.	Éliminés après l'épreuve écrite.	Ajournés après l'épreuve orale.	Admis au grade.	Proportion des admis pour 100 examinés.	Très bien.	Bien.	Assez bien.	Passablement.	TOTAL.	Éliminés après l'épreuve écrite.	Ajournés après l'épreuve orale.	Admis au grade.	TOTAL.
BACCALAURÉAT COMPLET.															
Paris	1,619	1,599	982	53	564	35	7	101	149	307	564	140	5	152	297
Besançon	126	126	51	18	57	45	»	5	10	42	57	1	1	8	10
Bordeaux	234	233	109	28	96	41	»	5	19	72	96	13	3	18	34
Caen	118	117	66	6	45	38	3	8	14	20	45	8	»	7	15
Clermont	172	170	111	16	43	25	»	4	6	33	43	8	1	7	16
Dijon	179	176	87	27	62	35	4	8	8	42	62	5	3	14	22
Grenoble	133	130	69	20	41	31	1	4	4	32	41	8	4	16	22
Lille	243	243	117	21	105	43	4	18	14	69	105	6	»	18	24
Lyon	194	190	112	12	66	34	»	4	15	47	66	18	5	20	43
Marseille	240	230	130	21	79	34	3	9	10	57	79	8	3	12	23
Montpellier	204	203	84	15	104	51	»	13	26	65	104	6	»	15	21
Nancy	230	229	116	24	89	38	2	16	13	58	89	11	3	14	28
Poitiers	292	289	150	29	110	38	»	9	22	79	110	10	»	19	29
Rennes	166	165	99	7	59	35	1	10	11	37	59	17	»	15	32
Toulouse	220	219	120	10	89	40	1	10	20	58	89	12	»	28	40
École d'Alger	37	37	20	3	14	37	»	2	3	9	14	1	»	1	2
TOTAUX	4,407	4,356	2,423	310	1,624	37	16	226	344	1,027	1,623	272	28	358	658
BACCALAURÉAT RESTREINT.															
Paris	172	163	77	5	83	50	»	17	21	45	83	57	2	71	130
Besançon	6	6	5	»	1	16	»	»	»	1	1	»	»	1	1
Bordeaux	54	51	13	13	25	50	»	1	3	21	25	8	13	23	44
Caen	13	11	5	»	6	54	»	1	1	4	6	3	»	6	9
Clermont	33	32	17	8	7	21	»	»	1	6	7	16	8	7	31
Dijon	38	38	19	6	13	34	»	3	4	6	13	16	5	13	34
Grenoble	32	31	19	3	9	29	1	1	»	7	9	14	3	7	24
Lille	29	29	18	3	8	27	1	1	1	5	8	8	1	8	17
Lyon	11	11	10	»	1	9	»	»	»	1	1	10	»	1	11
Marseille	26	24	13	3	8	33	1	»	»	7	8	10	3	8	21
Montpellier	45	44	28	2	14	31	»	4	4	6	14	25	2	10	37
Nancy	14	13	4	1	8	61	»	3	1	4	8	4	1	8	13
Poitiers	55	55	21	3	31	56	»	1	5	25	31	15	3	30	48
Rennes	48	47	33	1	13	27	»	1	7	5	13	33	1	13	47
Toulouse	52	51	28	»	24	46	1	3	4	16	24	20	»	23	43
École d'Alger	5	5	4	»	1	20	»	»	»	1	1	3	»	1	4
TOTAUX	633	614	314	48	252	41	4	36	32	160	252	242	42	232	516

Quelles que soient les différences, ce qui ressort de ces calculs, c'est, d'une part, que le nombre des élèves qui obtiennent le diplôme est sensiblement au-dessous de la moitié de ceux qui y prétendent et ne dépasse guère les 2/5. A la vérité les candidats refusés peuvent indéfiniment recommencer, et d'un premier ou même d'un second et d'un troisième échec on ne peut conclure à un échec définitif. Mais du même coup il faut reconnaître que, dans la proportion de succès établie pour l'ensemble d'une année, il en est plus d'un qui affrontait l'épreuve au moins pour la seconde fois, et qu'ainsi le chiffre des élèves qui, à la fin de leurs classes, atteignent régulièrement le but, doit être diminué d'au moins 10 p. 100, ce qui réduit à 1/3 ce qu'on peut appeler les succès de première épreuve [1].

Tel est le bilan de cet examen auquel l'opinion, représentée non seulement par les intéressés, mais par ceux qui détiennent une part des pouvoirs publics, a attaché l'avenir de la jeunesse et la fortune des études secondaires.

Est-ce là un régime d'études normal et sain? Que deviennent ceux qui n'ont pas affronté l'épreuve, et de quoi sont-ils capables au terme de leur stage scolaire poursuivi sans plus d'illusion que d'énergie? Parmi ceux-là même, qu'après plusieurs tentatives infructueuses, un jour de bonheur sauve ou qu'un effort désespéré finit par jeter au port, combien en est-il dont le savoir, l'intelligence ou même simplement les habitudes de travail représentent ce qu'on serait en droit d'attendre de l'éducation générale qui est le propre des études secondaires?

La nécessité de ne pas réduire le nombre des élèves de l'enseignement secondaire. — Les besoins de l'enseignement supérieur. — Serait-ce que le nombre de ceux qui se livrent à ces études est plus considérable que ne comportent les intérêts des individus et les

[1] Cette proportion a presque toujours été la même à peu de chose près. «En 1842 et en 1843, dit le duc de Broglie, dans le rapport présenté à la Chambre des pairs au nom de la commission chargée de l'examen du projet de loi sur l'instruction secondaire de M. Villemain, elle s'établissait ainsi :

Études faites	dans les collèges royaux, admission..	53 p. 100.
	dans les collèges communaux de premier ordre..................	44 p. 100.
	dans les institutions de plein exercice..	43 p. 100.
	dans les familles................	36 p. 100.
Soit pour la proportion moyenne..............		44 p. 100.

besoins de la société? L'enseignement secondaire, public et libre, comptait à l'ouverture de la dernière année scolaire (1883-1884) 161,727 élèves[1]. Sur les 4,238,929 enfants et jeunes gens de sept à vingt ans dénombrés au recensement de 1881, c'est une proportion de 3,81 p. 100. Et si l'on considère en outre que, malgré les progrès accomplis dans l'enseignement supérieur, nos facultés, à la même date, ne réunissaient pas plus de 16,464 étudiants[2], on conviendra sans peine que, bien loin d'excéder la limite raisonnable, le nombre des élèves des lycées et des facultés est loin d'atteindre la proportion nécessaire à la haute culture d'un grand pays. La Prusse aujourd'hui, pour ne prendre que cet exemple, puise dans ses gymnases, au profit des universités, plus de 24,000 étudiants.

Le mal ne vient donc pas de ce que les études secondaires sont trop recherchées, mais de ce que, par les avantages assurés au type qui semble en être la seule expression digne d'estime et par la direction donnée au contrôle qui en est la sanction, elles sont engagées dans une voie étroite et fausse. Concentrer sur un même système d'éducation toutes les ambitions plus ou moins justifiées, n'est-ce pas restreindre singulièrement le champ de l'activité nationale? Laisser dans ce système converger tous les efforts vers l'examen terminal comme vers leur fin unique, n'est-ce pas déconcerter de nos propres mains l'équilibre des classes, et, renversant la pyramide, en faire imprudemment reposer tout le poids sur le sommet?

Mais comment est-il possible de rendre à l'enseignement secondaire la large assise qui lui manque?

(1)

Lycées	49,634
Collèges	39,720
Enseignement libre laïque	25,917
Enseignement libre congréganiste	46,456
Total	161,727

(2)

Faculté	de théologie catholique (dont 17 étudiants en droit)	250
	de théologie protestante	80
	de droit	5,747
	de médecine	6,005
	des sciences (préparation à la licence et à l'agrégation)	1,130
	des lettres (préparation à la licence et à l'agrégation)	1,724
Écoles supérieures de médecine et de pharmacie		1,528
		16,464

III.

LES CONCLUSIONS À TIRER DE L'ENQUÊTE.

Les avantages de l'examen intérieur. — Ni l'examen de carrière ni l'examen avec matières facultatives ne soutiennent la discussion. Il n'en est pas de même de l'examen intérieur. Pour nous, si nous avions à constituer en table rase et si l'État était seul maître de la direction de l'enseignement, nous n'hésiterions pas à proposer le système des examens intérieurs successifs, couronnés par un dernier examen plus solennel, mais intérieur aussi, et subi devant les maîtres de l'enseignement secondaire, juges autorisés, intéressés et légitimes. C'est un mode de sanction qui a ses imperfections sans doute. Pas plus qu'aucun autre, il ne saurait remédier aux infirmités de la nature humaine; les abus en ont été plus d'une fois signalés à la tribune du Parlement de Berlin[1]. Mais, pris dans son ensemble et appliqué dans son esprit, il offre d'incontestables avantages. Le premier de tous, c'est qu'il ne trompe personne. Les élèves sont avertis que le succès dépend du fond même de leurs études et non d'une préparation de la dernière heure, que chaque pas qu'ils font les avance lentement, mais sûrement vers le but, et qu'il ne suffit pas d'un bond heureux pour le saisir. D'une année à l'autre les familles se sentent éclairées, soutenues, dirigées. De son côté, le maître, ayant conscience que les élèves lui appartiennent et que le temps ne lui fera point défaut, peut conduire son enseignement sans se laisser ni attarder par les paresseux ou les incapables, dont, chemin faisant, il s'affranchit, ni entraîner par les impatients, qui n'ont rien à gagner à précipiter la marche. L'État enfin, tant par le contrôle particulier de chaque président de commission que par le contrôle général de l'ensemble des examens, intervient avec une autorité efficace, chaque établissement sachant qu'il est jugé par les résultats qu'il produit et faisant effort pour ne pas rester au-dessous de ses rivaux.

Les objections réfutables. — Les inquiétudes et les scrupules du corps enseignant. — Nous avons vu les inquiétudes que le système sou-

[1] Voir les observations critiques des directeurs de gymnase dans l'étude *Sur le baccalauréat et les assemblées de directeurs en Prusse*, publiée par M. Lange. (*Bulletin pédagogique d'enseignement secondaire*, nos des 20 juillet, 25 août et 8 septembre 1881.)

lève dans l'esprit du corps enseignant; nous n'en méconnaissons ni la gravité ni la délicatesse. Mais les facultés ne se montrent-elles pas trop peu justes envers elles-mêmes, lorsqu'elles attachent aux examens du baccalauréat une part si considérable de l'autorité dont elles jouissent? Que le jugement des épreuves leur fournisse un moyen d'action, cela est moins contestable, bien que les conférences préparatoires aux grades et l'institution des boursiers leur donnent aujourd'hui toute sorte de vues plus larges et de prises plus fortes sur les études secondaires. La question d'ailleurs est de savoir si cet office qui les détourne assurément et parfois les absorbe ne peut être aussi bien rempli par d'autres, et si, pour la fonction dont elles sont investies comme pour la science à laquelle elles se doivent, il n'y aurait pas intérêt à les décharger d'un fardeau qui, alors même qu'il ne paraîtrait plus aussi lourd qu'autrefois, n'a pas cessé d'être pesant.

Non moins honorables sont les scrupules sur lesquels se fondent les résistances du personnel des lycées; mais ne dépassent-ils pas la mesure? Pourquoi nos maîtres seraient-ils moins propres que ceux des autres pays à remplir avec sagesse une obligation professionnelle? Les jeunes gens ne sont-ils pas jugés le plus souvent, au début même de leur carrière, par leurs professeurs immédiats? L'École centrale, l'École de Saint-Cyr, l'École polytechnique, l'École des beaux-arts, toutes les grandes écoles d'application ne confèrent-elles pas directement les diplômes ou les emplois auxquels elles préparent? Et n'est-ce pas le rôle des facultés? Entre l'enseignement secondaire et l'enseignement supérieur où les auditeurs sont devenus aujourd'hui des élèves au sens étroit du mot, la différence ne serait-elle pas plutôt à la charge de l'enseignement supérieur qui se prononce sur des intérêts d'une portée plus haute? Les professeurs des lycées invoquent contre eux-mêmes les faiblesses de notre tempérament national. Peut-être vaudrait-il mieux chercher à les combattre pour en guérir que de se borner à s'en excuser pour les conserver? A ce compte d'ailleurs, pourquoi les susceptibilités de conscience n'iraient-elles pas jusqu'à interdire d'assigner des rangs et de donner des notes, de récompenser ou de punir, de prononcer sur les résultats des examens de passage qui peuvent arrêter net un enfant au cours de ses études? Notre personnel possède, grâce à Dieu, tous les titres à avoir plus de confiance en soi. Et quelle force dans cette solidarité d'efforts rattachant toutes les classes entre elles jusqu'à la classe suprême, quelle puissance dans cette responsabilité virilement acceptée! Quelle leçon aussi, véritable leçon d'éducation civique, que cet exemple de préoccupation élevée du bien général! Si en Allemagne le professeur, — le professeur de gymnase comme le professeur d'université, — jouit d'une considération que rien n'égale, c'est qu'au respect de la science qu'il représente s'ajoute dans l'opinion le respect de la magistrature qu'il exerce. Question de mœurs sans doute, et les mœurs ne changent pas au gré des règlements; mais la raison publique peut les modifier. L'autorité s'acquiert par le judicieux usage du pouvoir. Soyons-en sûrs : l'opinion une fois établie sur la fermeté éclairée des jurys de l'enseignement secondaire, les sollicitations dont on redoute l'assaut viendraient échouer à la porte des lycées, comme elles expirent aujourd'hui au seuil des facultés.

Les difficultés d'application. — Plus graves sont les objections qui touchent à l'insuffisance au moins temporaire des juges. Pour quelques lycées, et pour un plus grand nombre de collèges, faute d'un personnel qualifié, le système de l'examen intérieur supposerait l'institution de commissions départementales ou régionales, laquelle serait en quelque sorte la négation du système; mais il n'est pas de réforme qui ne suppose un régime de transition. Il n'est pas douteux non plus que la liberté de jugement laissée, même sous la surveillance d'une autorité supérieure, à chaque établissement pourrait entraîner à l'origine, sur certains points, quelque dépression des études; mais entre les diplômes délivrés aujourd'hui, n'y a-t-il pas, du premier au dernier, une différence à peu près égale à celle qui pourrait distinguer d'abord les uns des autres les certificats des divers lycées? Si l'on calcule toutes les chances mauvaises, ne faut-il pas faire aussi la part de la salutaire ambition des établissements qui, se sentant investis d'une sorte de personnalité, arriveraient à créer des règles? Ajoutons encore, si l'on veut, que certains collèges transformeraient sans doute leur enseignement de classique en spécial. Mais y aurait-il lieu de s'en plaindre? — Ce ne sont là, au surplus, que des difficultés d'application qui demanderaient une administration résolue, vigilante, et dont une solide organisation parviendrait, avec le temps, à triompher.

Les objections décisives : le vœu du corps enseignant; les droits de la liberté. — Cependant tous les raisonnements, — nous ne faisons pas difficulté de le déclarer, — ne peuvent tenir ni contre le vœu du corps enseignant ni surtout contre l'état de la législation. Le maintien du baccalauréat l'a emporté, dans la très grande majorité des consultations; et lorsqu'on interroge un corps, c'est apparemment pour tenir compte de son avis, sauf à chercher à l'éclairer. L'opinion contraire eût-elle prévalu, le principe de la liberté d'enseignement opposerait, quant à présent, à toute réforme de fond un obstacle insurmontable. L'État ne peut remettre le droit de conférer un grade à des établissements qui n'acceptent pas son contrôle. Peut-il, d'autre part, dans l'état des esprits, les obliger à envoyer leurs élèves, soit devant les commissions des lycées, soit devant les jurys mixtes? Peut-il enfin laisser les candidats se partager, suivant leur préférence, entre les commissions de lycées et les commissions de facultés, sans s'exposer à émouvoir les passions? Toutes les objections que nous avons recueillies sur ce point dans l'enquête nous paraissent péremptoires. Aujourd'hui les facultés offrent un champ neutre[1]; ce n'est pas le moment d'y planter le drapeau de la lutte.

Mais si, dans ces conditions, le régime de l'examen intérieur ne saurait être adopté, quels que soient les avantages qu'il dût offrir pour rectifier et consolider l'assiette des études secondaires, l'enquête suggère diverses mesures dont l'application suivie avec zèle imprimerait sans aucun doute à l'enseignement une meilleure et plus fructueuse direction.

La réforme du baccalauréat par le baccalauréat. — C'est du baccalauréat lui-même, respecté dans sa constitution traditionnelle, qu'on attend d'abord les remèdes au baccalauréat.

On veut moraliser l'examen, assurer les chances du travail régulier, atténuer la part de la fortune, égaliser les difficultés de l'épreuve. Si les moyens indiqués pour arriver à ce résultat n'ont pas tous la même valeur, il suffit de choisir, en prenant ceux qui sont d'un caractère net et d'une indiscutable utilité. Voici, pour notre part, comment nous les envisageons.

1° Partant de la situation qui s'impose, nous repoussons l'idée de modifier le jury. L'institution d'une commission spéciale et extra-

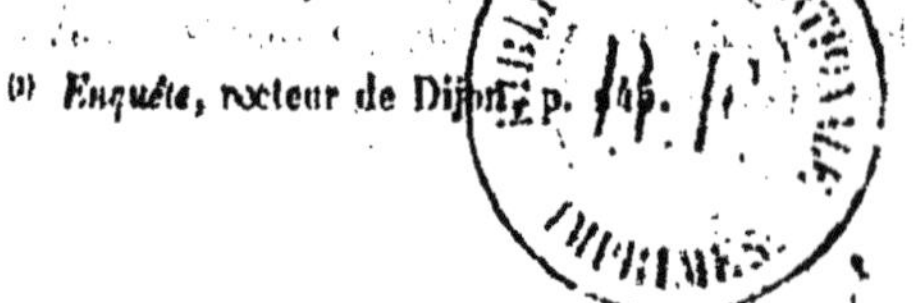

(1) *Enquête*, recteur de Dijon, p. 445.

scolaire, — qu'elle soit départementale, régionale ou nationale, — est celle qui s'éloigne le plus du but dont nous voudrions nous rapprocher. Sans lien direct avec les études, elle serait moins que toute autre en mesure d'en servir les intérêts. D'un autre côté, un bureau mi-parti ne donnerait satisfaction à personne. Il placerait l'un vis-à-vis de l'autre l'enseignement supérieur et l'enseignement secondaire dans une situation mal définie, délicate, grosse de difficultés et de tiraillements. Les facultés n'y trouveraient qu'un soulagement insuffisant; pour les lycées, on l'a justement remarqué, ce serait un élément de trouble, les professeurs étant enlevés à leur enseignement alors qu'ils y seraient le plus nécessaires. Enfin, à supposer qu'on pût dans ces bureaux mi-partis faire place aux écoles libres, serait-on certain de trouver partout dans leurs représentants en province des assesseurs pourvus des titres nécessaires? Le principe de l'examen intérieur écarté, il n'est pas de jury qui puisse être mis en balance avec le jury de facultés composé des professeurs et des maîtres de conférences : ce qui leur manque parfois d'expérience pratique de l'enseignement secondaire est compensé et au delà par la largeur d'esprit qu'ils apportent dans leurs délibérations.

2° Ce qui nous préoccupe surtout, c'est de fortifier les moyens qui permettent au candidat de se faire connaître, au juge de se prononcer avec sécurité, au personnel enseignant de combattre les préparations artificielles.

A ce titre, rien ne nous paraît plus légitime que d'autoriser la production d'un livret scolaire authentique, portant les notes, places, récompenses des dernières années d'études. C'est un témoignage loyal qui, n'ayant qu'une valeur morale, peut contribuer à éclairer le jury sans prétendre le contraindre [1]. Nous n'oublions pas que, dans un sentiment contraire, on a demandé que les noms des candidats, enfermés sous pli cacheté, ne soient connus qu'après la correction des copies; mais cette sorte de mystère, sans compter qu'il semble mettre le correcteur en suspicion, constitue à nos yeux une fausse mesure d'impartialité. Plus le candidat se sen-

[1] Voir au *Journal officiel* (séance de la Chambre des députés des 23 et 26 mai 1882) les discours de MM. Mézières et Freppel : le commun reproche qu'ils font à l'examen du baccalauréat, c'est que le juge ne connaît pas ou connaît très insuffisamment le candidat sur le sort duquel il prononce.

tira à découvert devant ses juges, plus il prendra confiance dans la valeur de son intelligence et les résultats de son application : ce qui est la première et juste récompense des études bien faites. Nous n'avons aucun goût pour les étranges considérations de morale pratique qui conduisent à faire à l'aléa dans l'examen une large place, sous le prétexte de préparer la jeunesse aux mécomptes de la vie, ni pour le singulier système d'équité qui, indifférent aux mérites des meilleurs et sensible au péril des autres, aboutit presque à accorder indirectement des points de faveur à la paresse ou à la médiocrité.

3° Nous craindrions de voir établir le régime de l'uniformité absolue des épreuves. Outre qu'il y a, semble-t-il, quelque chose de puéril à jeter toute la jeunesse à la même heure dans le même moule, nous ne croyons pas que l'identité du sujet de l'examen soit le moyen le plus éclairé d'assurer l'équité du jugement; sans fermer les yeux aux inconvénients des déplacements qui sont réels, nous partageons la manière de voir de ceux qui considèrent que l'intérêt du candidat est d'être apprécié en une fois, par le même juge, dans son unité vivante, non à intervalle, par morceaux en quelque sorte et par des juges différents. Quelle nécessité d'ailleurs de ramener mathématiquement, pour ainsi dire, à une commune mesure le résultat des études, et d'empêcher, par exemple, que la faculté de Paris prenne sa règle et son point d'appui dans le milieu scolaire où sa clientèle se développe? Laissons les jurys, à l'ouverture de chaque session, choisir eux-mêmes leurs sujets, en se préoccupant d'y maintenir un sage équilibre et n'allons point, par je ne sais quelle superstition d'égalité, — de l'égalité qui abaisse, — courber, d'un bout à l'autre de la France, tous les esprits sous le même niveau[1].

[1] Nous devons reconnaître toutefois que ce vœu est assez général. En dehors de l'enquête, il a été formulé dans une pétition présentée, il y a deux ans, au Conseil supérieur par des représentants de l'enseignement libre. Nous croyons utile d'en reproduire ici le texte :

« Les soussignés, directeurs d'établissements libres d'enseignement secondaire, inspirés par la pensée de servir les intérêts de l'instruction, des familles, des professeurs et des élèves, ont l'honneur de présenter à M. le Ministre de l'instruction publique, président, et à MM. les membres du Conseil supérieur de l'instruction publique la pétition suivante, dont l'objet principal est d'obtenir que les candidats aux deux baccalauréats ès lettres et ès sciences bénéficient du mode

4° Tant que, par l'application complète des prescriptions relatives aux examens de passage, nous ne serons pas arrivés à prendre de sérieuses garanties préalables, il nous paraîtra difficile de simplifier les épreuves, écrites ou orales. Mais c'était une règle bien judicieuse que celle du décret de 1811, qui prescrivait simplement d'interroger les candidats sur les programmes des deux dernières classes. Aucune idée ne nous semble pédagogiquement plus décevante que celle qui consiste à faire représenter dans l'examen toutes les matières de l'enseignement. «L'explication des matières, la spécification détaillée des questions, l'importance égale attachée

d'examen en vigueur depuis cinquante ans pour les écoles du Gouvernement, telles que les Écoles militaire et polytechnique.

C'est pourquoi :

1° Considérant que les dérangements graves et les déplacements onéreux qui résultent de l'obligation de se rendre au siège de l'académie pour les épreuves écrites comme pour l'examen oral seraient évités aux candidats, si les compositions se faisaient au chef-lieu de chaque département et de chaque arrondissement, qui sont d'ordinaire les villes où sont établies les maisons d'études : de sorte que les seuls admissibles, c'est-à-dire environ la moitié seulement des candidats, resteraient assujettis à l'obligation de se rendre au siège des facultés pour l'examen oral,

Les soussignés demandent :

Que les épreuves écrites se fassent, pour toute la France, dans chaque chef-lieu de préfecture et de sous-préfecture, sous la surveillance d'un fonctionnaire de l'autorité administrative ou d'un membre délégué des facultés ;

2° Considérant qu'il importe d'établir une entière uniformité et une équitable égalité dans l'objet des examens et conséquemment dans la valeur des grades, en faisant porter chacune des épreuves écrites sur un sujet ou un texte identique partout : ce qui rendrait impossible la différence remarquée à cet égard entre les diverses facultés et sessions,

Les soussignés demandent :

Qu'il soit donné un même sujet ou texte de composition à tous les candidats d'une même session, et que conséquemment les compositions se fassent les mêmes jours par toute la France ;

3° Considérant qu'il importe de donner aux examens toutes leurs justes garanties d'impartialité, et d'éviter ainsi le soupçon, fondé ou non, d'acceptions de personnes, et que pour cela il importe de montrer, par une mesure décisive et générale, que le seul mérite de la composition décide de l'admissibilité des candidats, à l'exclusion de leurs noms, titres et recommandations,

Les soussignés demandent :

Que les noms des candidats, remis sous pli cacheté, ne soient apposés sur les compositions qu'après la correction et le classement de celles-ci, avec les précautions d'usage ;

4° Considérant que, surtout dans ces conditions meilleures, le succès du candidat à l'épreuve écrite constitue une constatation suffisante et définitive de sa capa-

à toutes les épreuves, a-t-on dit avec un grand sens[1], amènent les candidats à se préoccuper d'accumuler dans leur souvenir des réponses toutes prêtes bien plus que de travailler pour le développement de leurs facultés à se rendre capables d'en trouver eux-mêmes. La tendance des élèves à une sorte de réceptivité toute passive s'en trouve fortifiée et arrive à déjouer souvent les efforts faits pour la combattre; c'est ainsi que pour se préparer à la composition française, on se préoccupe bien moins d'acquérir les qualités nécessaires de pensée, de méthode et de style que de se charger la mémoire de résumés tout faits et de fragments de manuscrits. » Rien n'est plus exact. Le candidat succombe sous le fardeau de ces préparations aussi superficielles que laborieuses. Quant au juge,

cité dans ce genre d'épreuve, [illegible]s qu'il soit besoin, en cas d'échec à l'examen oral, de l'assujettir ultérieurement à de nouvelles compositions en vue de nouveaux examens,

Les soussignés demandent :

Que l'admissibilité une fois obtenue par le candidat lui soit acquise indéfiniment et lui assure le droit de se présenter ensuite à l'examen oral, dans les sessions suivantes, tout en tenant compte, pour son admission, de la valeur des compositions qui ont décidé de l'admissibilité;

5°. Enfin, considérant qu'il importe que désormais les cours scolaires soient le moins possible désorganisés dans les mois d'examen, et que pour cela il soit fait un règlement uniforme de la date des sessions, d'où il résulterait qu'un mois de plus serait donné à l'étude sérieuse : soit la première moitié de juillet et la seconde moitié de novembre,

Les soussignés demandent :

Que l'époque des épreuves écrites soit fixée aux premiers jours de juillet, et que les épreuves orales commencent le 20 juillet au plus tôt et le 1er novembre au plus tard.

Persuadés que les précédentes améliorations seraient profitables à tous : aux candidats, pour qui l'admissibilité deviendrait désormais un droit acquis; — aux familles, qui se verraient déchargées de frais considérables; — aux maisons d'éducation, qui y gagneraient un mois d'études; — aux professeurs de faculté, qui, n'ayant plus à surveiller des compositions si nombreuses, verraient abréger le temps et alléger la charge des sessions d'examen; — enfin au pays tout entier, qui trouverait dans ces réformes des garanties d'impartialité et d'équité,

Les soussignés ont la confiance que M. le Ministre de l'instruction publique et MM. les membres du Conseil supérieur de l'instruction publique voudront bien prendre leur requête en considération,

Et ils les prient d'agréer l'hommage du plus profond respect avec lequel ils ont l'honneur d'être

Leurs très humbles serviteurs,

Suivent les signatures des adhérents,
certifiées conformes.

(1) *Enquête*, recteur de Grenoble, p. 385.

[illegible] pas besoin de tant d'éléments d'appréciation. Au moins con[illegible]t-il, en attendant mieux, de lui donner le droit de conduire [illegible] explications de textes, sans se laisser guider par le choix de l'a[illegible]ant.

5° Eu égard à la surcharge des programmes et à l'unification actuelle de nos études secondaires, — unification si peu propice au développement des aptitudes diverses, — nous pensons qu'il y a, quant à présent, moins d'inconvénients que d'avantages à laisser subsister, pour les lettres, le baccalauréat scindé; au fond, ce dédoublement de l'examen se rapproche par quelque côté du mode de contrôle que nous croyons le plus naturel et le plus logique.

6° Nous ne sommes point partisan des règlements qui lient étroitement le juge et il ne nous semble pas nécessaire de lui imposer un tarif de coefficients; c'est une appréciation d'ensemble, une appréciation délibérée en commun, qu'il importe de demander à un jury chargé de prononcer sur une valeur intellectuelle. Nous ne voudrions réglementairement défendre au profit des candidats qu'une seule chose : l'intégrité de l'année de travail. L'examen nous opprime, non seulement par ses exigences spéciales, mais par les dates auxquelles il s'impose. Pour l'admission aux grandes écoles du Gouvernement, il rompt les classes dès le mois de juin; pour le baccalauréat, le ralentissement, puis la désorganisation commencent avec le mois de juillet. Et voici qu'aux examens des élèves viennent s'ajouter ceux des maîtres : l'époque des épreuves écrites de l'agrégation étant avancée, les professeurs sont éloignés de leurs chaires juste au moment où ils auraient à soutenir le dernier effort[1]. Aucune mesure ne serait plus utile peut-être que celle qui consisterait à ne laisser nulle part les sessions de baccalauréat s'ouvrir avant le 15 ou le 20 juillet : du même coup on reporterait au 15 octobre au plus tard la session de novembre, afin de ne pas retarder la constitution des classes. Les anciens règlements reposaient sur ces bases, et l'étendue des locaux dont disposent aujourd'hui les facultés, le nombre des chaires et des conférences qui ont été créées leur permettraient assurément

[1] Cette année, dans l'académie de Paris seule, — et elle est naturellement l'une des mieux pourvues de professeurs munis de grades, — plus de 150 classes se sont trouvées sans direction, par suite de cette innovation, à partir du 20 juillet.

de resserrer les périodes d'examen : elles seront les premières à en recueillir le profit.

7° Si les jeunes gens ne peuvent être obligés à se présenter dans la région académique où ils ont fait leurs classes, — les principes de la liberté pouvant en paraître atteints[1], — rien ne semble s'opposer à ce que, son choix une fois fait, le candidat soit, sauf exceptions justifiées, contraint de réparer son échec devant la faculté où il l'a subi : c'est le meilleur moyen d'encourager les efforts consciencieux et de tenir en éveil les négligences invétérées : un revers immérité n'est qu'un malheur; un succès de surprise est un scandale.

8° Accorder indéfiniment le bénéfice de l'admissibilité acquise aurait, dans notre pensée, pour effet inévitable d'accréditer, sinon d'autoriser, les préparations de la pire espèce : on se ferait son plan d'études à petites journées, par étapes; il n'est pas d'enseignement qui pût s'accommoder à cette marche à volonté; elle ne produirait que le désordre dans les classes et l'affaiblissement dans les esprits. Que les admissibles aux examens de juillet se présentent comme tels au mois de novembre devant le jury qui les a une première fois jugés, nous nous rallions volontiers à cette proposition, la session de novembre pouvant être considérée à quelques égards comme le prolongement de celle qui clôt l'année régulière. Mais tout examen nouveau subi après une année scolaire nouvelle doit embrasser les deux séries d'épreuves, sous peine de voir le baccalauréat exercer sur le terme des études une influence encore plus funeste.

9° Nous allons plus loin : pour couper court à ces candidatures qui se perpétuent dans la mollesse ou l'incapacité et qui ne peuvent produire que des sujets étiolés et sans fonds, nous serions disposé à émettre le vœu qu'après trois échecs l'aspirant fût obligé de renoncer.

10° La création d'un baccalauréat ès sciences physiques et naturelles et d'un baccalauréat ès sciences mathématiques nous semble justifiée par les plus sérieux motifs; mais pour des raisons que nous déduirons tout à l'heure, nous ne voyons pas

[1] «Le candidat peut choisir la faculté devant laquelle il subira son examen.» (Loi du 15 mars 1850, art. 60.)

qu'il y ait lieu d'instituer un baccalauréat ès lettres du premier degré.

11° L'ensemble de ces mesures ne peut être efficace qu'autant qu'elles seront soutenues par une forte discipline d'examens annuels. C'est de la juste sévérité des examens antérieurs que dépend la valeur de l'épreuve finale. Dans les facultés, il ne suffit plus aujourd'hui de prendre les quatre inscriptions réglementaires : tout candidat qui n'a pas subi avec succès l'examen de fin d'année, en novembre au plus tard, est ajourné à la fin de l'année suivante[1]. Les règlements imposent, et depuis longtemps, la même condition dans l'enseignement secondaire[2]. On peut dire qu'à cet égard la tradition de l'ancienne Université n'a jamais été interrompue. Depuis la loi du 10 floréal an x, chaque plan d'études est suivi

[1] *Décret du 28 décembre 1880*, art. 7, §§ 4 et 5 (faculté de droit). — *Décret du 20 juin 1878*, art. 4, § 3 (faculté de médecine, doctorat). — *Décret du 1er août 1683*, art. 6, § 1 (officiers de santé). — *Décrets des 14 juillet 1875*, art. 3, § 2, et *12 juillet 1878*, art. 2, § 2 (diplôme de pharmacien).

[2] Les termes, dès l'origine, en sont particulièrement précis : «Il y aura chaque année deux examens (les élèves faisaient deux classes par an), l'un au 15 fructidor et l'autre au 1er germinal. Les élèves qui n'auront pas les connaissances suffisantes pour passer à une classe supérieure resteront dans la même classe. Les examens seront faits par le directeur et le professeur de la classe pour laquelle les élèves se présenteront. Si le directeur est en même temps professeur, il s'adjoindra un autre professeur pour l'examen des élèves qui se présenteront à sa classe.» (*Arrêté du 19 vendémiaire an XII*, 12 octobre 1803, art. 27.)

«A la fin de chaque année scolaire, les élèves seront examinés sur toutes les connaissances affectées à leur classe, et l'on déterminera d'après cet examen s'ils peuvent monter à une classe supérieure. Cet examen se fera sous la présidence du recteur dans les lycées des chefs-lieux d'académie, et sous celle d'un inspecteur dans les autres lycées. Il sera fait au commencement de l'année un examen semblable des nouveaux élèves, pour fixer la classe où ils peuvent être placés. Les élèves qui n'auraient pas obtenu leur promotion à l'examen de la fin de l'année classique pourront se représenter à cet examen au commencement de l'année.» (*Statut du 28 septembre 1814*, art. 119, 120, 122, 123.)

«A la fin du dixième mois, d'après le résultat de l'examen, comme aussi d'après les notes et les places obtenues dans le cours de l'année, le proviseur dresse une liste des élèves de chaque classe qui sont susceptibles de monter, à la rentrée, dans une classe supérieure. Il inscrit sur une seconde liste tous ceux qui n'ont point obtenu leur inscription sur la première. Un double de ces deux listes est envoyé au recteur de l'académie. A la rentrée des classes, les élèves compris dans la deuxième liste sont soumis au nouvel examen, qui se fait en présence du proviseur, du censeur et du professeur de la classe à laquelle chaque élève est destiné. C'est d'après cet examen qu'on détermine définitivement ceux de ces élèves qui doivent monter

d'un arrêté relatif aux examens de passage (1). Il n'est pas de prescription peut-être qui ait été plus fréquemment et plus rigoureusement renouvelée.

Depuis cinq ans elle s'applique dans tous les lycées et colléges de l'académie de Paris. A la rentrée de 1880, 210 élèves de l'enseignement classique ont dû redoubler leur classe ou quitter l'établissement, et 50 ont pris ce dernier parti. Ce n'était qu'une sorte d'avertissement. En 1884, le nombre des examens jugés insuffisants s'est élevé à 1,179 : 878 enfants ou jeunes gens ont été invités à refaire le cours qu'ils avaient mal fait; 301 se sont résolus à partir. Une telle sanction, certes, n'est pas illusoire (2). Ce qui s'est fait témoigne de ce qui se pourrait faire, alors surtout que tout le monde est d'accord pour reconnaître combien il est raisonnable et juste de faire fond sur ce moyen d'action.

dans une classe supérieure. A Paris, les examens ont lieu en même temps dans les divers colléges, et le recteur nomme à cet effet : 1° pour l'examen des classes d'humanités, autant de commissions qu'il y a de colléges; 2° pour l'examen des deux classes de philosophie, une commission spéciale partagée en trois sections, chargées, la première, de l'examen de la philosophie; la seconde, de l'examen des mathématiques; la troisième, de celui des sciences physiques.» (*Statut du 4 septembre 1821*, art. 203 à 205.)

(1) *Arrêté du 12 octobre 1803. — Statut du 28 septembre 1814. — Statut du 4 septembre 1821. — Arrêté du 29 juin 1838. — Arrêté du 22 septembre 1840. — Arrêté du 30 avril 1852. — Arrêté du 14 mars 1865. — Circulaire du 28 septembre 1880.*

Deux arrêtés, celui du 1er juillet 1836 et celui du 8 août 1837, limitaient l'obligation de l'examen de passage aux classes supérieures à partir de la quatrième inclusivement; l'arrêté du 22 septembre 1840 l'avait rétablie pour toutes les classes.

(2) A la fin de la présente année scolaire 1884-1885, voici quel a été le résultat des examens de passage :

	NOMBRE des élèves.	ADMIS.	AJOURNÉS à l'examen de rentrée.	AJOURNÉS définitivement.
Lycées.........	7,496	4,462	2,603	431
Colléges.........	4,601	3,035	1,076	490
TOTAUX........	12,097	7,497	3,679	921

Sur le nombre des ajournés on peut calculer, d'après les notes, que la proportion de ceux qui, au mois d'octobre, devront prendre le parti, soit de redoubler, soit de renoncer, atteindra près de 2,000.

Jamais la nécessité d'en user n'a été mieux mise en lumière. Les objections ne viennent, nous l'avons vu, que de la crainte de voir l'enfant soumis chaque année à un régime d'examen préjudiciable à sa santé. Mais ces objections tombent devant le procédé judicieusement recommandé de tout temps pour l'exécution des règlements[1]. En réalité, tout élève qui, au cours de l'année, a pris rang dans le premier titre de sa classe, obtient par cela seul droit de pas-

[1] L'un des meilleurs règlements qui aient été édictés sur les diplômes de passage est celui du 22 septembre 1840. Il est ainsi conçu :

«Article premier. A la fin de l'année scolaire, il sera dressé, dans toutes les classes des collèges royaux et des collèges communaux de plein exercice, une liste des élèves de chaque classe ou division de classe par ordre de mérite. Cette liste sera formée d'après les notes et les places obtenues par les élèves dans chaque classe, y compris les compositions de la fin de l'année pour la valeur qui leur est attribuée par les règlements.

«Art. 2. A partir de la sixième inclusivement, les élèves qui ne seront pas compris dans les trois premiers quarts de la liste de mérite précitée ne pourront être admis dans la classe immédiatement supérieure avant d'avoir subi un examen qui constate leur aptitude à suivre utilement ladite classe.

«Art. 3. Ces examens d'admissibilité auront lieu pendant la première semaine à dater du jour de la rentrée des collèges, aux heures ordinaires des classes, en présence de tous les élèves de la classe ou division. Ils seront faits dans chaque classe par le professeur ou agrégé divisionnaire.

«Art. 4. Dans les chefs-lieux académiques, le recteur assistera auxdits examens avec le concours des inspecteurs d'académie, du proviseur et du censeur des études. Dans les collèges royaux autres que ceux des chefs-lieux académiques, un inspecteur sera délégué pour assister aux examens, avec le concours du proviseur et du censeur des études.

«Art. 5. Dans les collèges de Paris, les examens auront lieu avec le concours du proviseur, du censeur des études et d'un délégué spécial du Ministre. Le proviseur et le censeur des études se partageront les diverses classes; le délégué du Ministre s'assurera que les examens se font dans toutes les classes avec la sévérité convenable.

«Art. 6. Tout élève qui, d'après le résultat de l'examen, ne sera pas jugé capable de suivre utilement le cours pour lequel il se présente sera replacé dans la classe inférieure.

«Art. 7. Chaque professeur dressera un procès-verbal de l'examen avec ses propositions motivées. Le proviseur joindra ses observations, le délégué du Ministre un rapport spécial; et le recteur prononcera. Le résultat définitif de ces diverses opérations sera transmis au Ministre.

«Art. 8. Tout élève porté sur la liste prescrite par l'article 1er du présent règlement, et qui, pour motifs légitimes, aurait obtenu l'autorisation de ne rentrer

sage. L'examen n'est imposé qu'à ceux qui se sont laissés attarder par la paresse ou dont l'inaptitude a formellement arrêté les progrès. Y a-t-il quelque incertitude? Provisoirement l'indulgence prévaut. L'examen mal passé par l'élève au mois de juillet devant les professeurs de la classe qu'il va quitter et qui le connaissent le mieux peut être réparé au mois d'octobre devant les professeurs de la classe où il va entrer et qui ont le plus d'intérêt à le connaître. Tout ce travail intérieur est suivi par le chef de l'établissement, préoccupé de concilier les conditions d'un bon régime d'études avec le crédit de bienveillance éclairée qu'il est toujours juste de faire à la jeunesse. Ce procédé de saine éducation est donc aussi simple que sincère. Du jour où il serait appliqué avec une prudente énergie, les critiques dont le baccalauréat est l'objet perdraient beaucoup de leur importance[1]. «Les examens de passage, disait en 1872 M. Jules Simon, ont à nos yeux une importance capitale. En effet, pour qu'une classe soit bien faite, il faut que tous les élèves présents soient en état de la suivre. Les enfants qui remplissent les derniers bancs, et qui, faute de préparation antérieure, ne comprennent plus ce qui se dit devant eux, détournent l'attention de leurs camarades, découragent le professeur et le réduisent trop souvent aux conditions d'un surveillant. Mais ce qui est encore plus grave, c'est de ne pas avertir les familles de l'incapacité de leurs enfants. Prévenu à temps, un père renon-

au collège qu'après l'ouverture des cours devra satisfaire à l'épreuve ci-dessus prescrite. Tout élève venant du dehors, qui, soit au commencement, soit dans le cours de l'année scolaire, se présenterait pour être reçu dans une classe, devra, indépendamment des certificats exigés par l'article 76 du statut du 4 septembre 1821, subir un examen spécial d'admission. Dans l'un et l'autre cas, l'examen aura lieu devant le professeur ou agrégé, avec le concours du proviseur et du censeur des études.

«Art. 9. Le présent arrêté sera applicable dans tous les collèges royaux et dans les collèges communaux de plein exercice, à partir de la prochaine rentrée des classes.»

[1] Circulaire du 27 septembre 1877. — Cf. les circulaires des 26 juillet 1841, 25 septembre 1847, 21 juin 1854, 22 mai 1852, 29 juin 1853, 27 septembre 1872, 28 septembre 1880. «Trop souvent, dit cette dernière circulaire, les familles, considérant comme une sorte de déchéance les refus d'admission dans le cours supérieur, assiègent l'Administration de leurs doléances pour que ce chagrin leur soit épargné. Elles oublient trop, ce semble, qu'elles courent au devant d'un mal beaucoup plus grand et plus réel, dont les conséquences, pour être lentes à se manifester, n'en seront pas moins désastreuses.»

cerait à pousser son fils jusqu'au baccalauréat; il le mettrait dans l'industrie, dans le commerce, et ne s'épuiserait pas en sacrifices inutiles pour entretenir un écolier paresseux et préparer à la société le pire des parasites, un ignorant présomptueux. Ce sont ces neuf ans de tolérance coupable qui rendent le discernement des candidats difficile à faire et la justice pénible à exercer.»

Le besoin d'une autre forme d'éducation secondaire. — Toutefois le mal est plus profond. C'est l'organisation même de notre système d'enseignement secondaire qui est en cause. L'institution du baccalauréat, consacrée par les privilèges que les règlements et l'usage ont consacrés, a eu pour effet de ramener les études à un type unique. Cette unité est-elle compatible avec l'état de nos mœurs, et que vaut-elle? Il y a déjà plusieurs années que nous avons posé le problème[1]. L'enquête le soulève à son tour. Il n'en est point dont la solution soit plus pressante.

Le type unique de l'éducation classique. — Certains esprits, fidèles à des traditions de l'ordre le plus élevé, se persuadent volontiers aujourd'hui encore que les études fondées sur la connaissance des langues anciennes constituent seules la culture à laquelle on doit aspirer dès qu'on prétend au delà de l'éducation primaire. Ils considèrent que, même chez ceux qui n'ont fait, pour ainsi dire, que les traverser, elles laissent un fond que rien ne remplace : les plus médiocres se reconnaissent à la largeur des vues et à je ne sais quel sentiment tout à la fois plus vif et plus juste des choses humaines; ils ont profité, presque sans le vouloir, comme on profite inconsciemment de l'air salubre que l'on respire. Nous ne contestons point ce que l'observation a d'exact. Sans doute, — quiconque a professé en a pu faire l'expérience, — il est un certain nombre d'élèves qui, sans marquer aux premiers rangs, se forment en quelque sorte, dans l'ombre de la classe, tant par l'exemple de leurs camarades que sous la parole du maître, soit qu'ils aient l'intelligence lourde, mais persévérante, soit, au contraire, qu'une heureuse facilité de nature leur permette de recueillir au passage, en se jouant, les germes d'un enseignement qui fructifie plus tard dans leur esprit mûri par la pratique sérieuse de la vie.

[1] Voir nos *Mémoires sur l'enseignement secondaire spécial* (1881) et sur *la question des programmes dans l'enseignement secondaire* (1884).

Mais combien d'autres aussi, faute d'avoir trouvé l'aliment qui convenait à leur intelligence, s'isolent du mouvement général et ne remportent de ces études mal appropriées que des habitudes d'indifférence et d'inertie, l'impatience de tout travail, le dégoût, plus redoutable encore pour l'esprit peut-être que l'ignorance!

Peut-on oublier d'ailleurs la nécessité de faire place à côté de la culture littéraire aux nouveaux éléments d'instruction que comportent le progrès incessant des sciences et le développement des idées économiques dans les sociétés modernes? Il y a moins de cinquante ans encore, le programme des études secondaires avait la simplicité de la tragédie antique. Quelle complexité aujourd'hui dans ces enseignements qui se pénètrent, se croisent, s'enchevêtrent! Alors que la division du travail est devenue la loi universelle, convient-il de n'admettre dans l'éducation qu'une forme à laquelle soient assujetties toutes les intelligences, quelle que soit la différence des destinations qui les attendent et des intérêts qui les sollicitent? Cet enseignement propre à tout et à tous sert-il les besoins du pays? Remplit-il les vœux des familles? Profite-t-il même aux études classiques qu'il s'agit de sauver?

L'éducation secondaire à deux degrés. — Le sentiment qui ressort des témoignages de l'enquête, c'est qu'il est impossible d'embrasser dans une même direction des vocations absolument diverses; sentiment si précis, qu'il se traduit en un vœu d'une nouveauté hardie : la constitution d'une éducation secondaire à deux degrés; le premier degré répondant aux nécessités communes de l'éducation dite libérale, le second ouvrant la voie dans les facultés à tous les compléments d'études spéciales.

Mais est-il possible de se dissimuler que la création d'un baccalauréat élémentaire aurait tout d'abord pour résultat l'abaissement du niveau, alors que l'objet même de cette création serait de mettre le premier diplôme à la portée du plus grand nombre? Il est tant d'ambitions qui s'en trouveraient satisfaites! Ce serait, à bref délai, le découronnement de l'enseignement secondaire, qui, si l'examen général était placé à la fin de la seconde, n'aurait plus de rhétorique, ni de philosophie, — ces deux classes maîtresses, moins encore peut-être à cause des études qu'elles représentent qu'en raison de la maturité relative avec laquelle on les aborde et qui en assure le profit.

Si du moins la mesure devait tourner à l'avantage de ceux qui pousseraient au delà du terme commun! Mais comment espérer sérieusement faire marcher de front des jeunes gens dont la plupart seraient résolus par avance à ne pas fournir la même carrière que les autres [1]? Et sur cette base affaiblie que pourrait édifier l'enseignement supérieur? Pour ne parler que des facultés des lettres, après avoir très utilement transformé une partie de leurs cours en conférences, elles devraient donc convertir leurs conférences en classes avec correction de devoirs écrits et retour aux premiers principes! Ne sait-on pas que dès aujourd'hui elles ont fort à faire pour combler les lacunes de l'instruction générale des boursiers, et que c'est à peine si ces jeunes gens, qui se considèrent comme émancipés des exercices de collège, se prêtent aux revisions qu'on ne peut leur épargner? Ainsi, dépression des études secondaires, au grand détriment de la culture intellectuelle moyenne du pays, et déviation de l'enseignement supérieur, au détriment non moins grand de la culture la plus élevée, tels sont les deux termes auxquels on peut craindre que n'aboutisse l'organisation d'un baccalauréat à deux degrés. L'exemple de la Belgique, au surplus, n'est-il pas le plus décisif des avertissements [2]? N'enlevons rien à l'enseignement secondaire, si nous voulons d'une part qu'il offre à l'enseignement supérieur un support résistant, d'autre part qu'il demeure le régulateur autorisé de l'esprit public et continue à former pour la société des cadres solides.

Il est vrai que cet enseignement de second degré pourrait être créé sans que les facultés en reçussent aucun affaiblissement et en paraissant fortifier les études du lycée. Il s'agirait d'organiser des cours supérieurs de lettres sur le plan des cours de mathématiques spéciales, qui, à l'origine, portaient, eux aussi, le nom de mathématiques supérieures. Mais oublie-t-on les conditions dans lesquelles se recrutent ces cours de mathématiques? Un certain nombre des élèves qui les peuplent sont des jeunes gens qui, changeant de voie à partir de la quatrième ou de la troisième, ont passé en mathématiques préparatoires; les autres, poussant jusqu'à la seconde, commencent par une division inférieure de mathématiques élémentaires; les meil-

(1) «Aujourd'hui, dès la quatrième, les élèves refusent d'étudier le grec, sous le prétexte qu'il ne doivent pas poursuivre leurs études littéraires.» (*Enquête*, collège de Compiègne, p. 756).

(2) M. Bréal, *Excursions pédagogiques*, p. 180, 181. — «Les meilleurs esprits ne sont-ils pas déjà presque résignés à réserver le grec pour l'examen de licence?» (*Enquête*, faculté des lettres de Paris, p. 607.)

leurs attendent qu'ils aient terminé leurs études littéraires et pris le baccalauréat; il n'en est pas un seul qui ne fasse une ou deux années d'élémentaires, et il n'en est guère qui ne redouble les spéciales. En un mot, c'est toute une éducation. Imagine-t-on qu'il puisse en être autrement pour les lettres? Oui peut-être, s'il ne s'agit que d'appliquer une sorte de vernis sur un fond sans solidité. Mais la tâche étant sérieuse, qu'elle soit accomplie à la faculté ou au lycée, il faudra bien, dans ces cours de second degré, reprendre à nouveau les éléments établis dans le premier. Il suffit de voir ce qui se passe pour les candidats à l'école normale ou aux bourses de licence. Sauf les exceptions qui sont le fait d'une petite élite, n'ont-ils pas à subir une double, parfois une triple vétérance de rhétorique? La classe elle-même ne leur suffit pas : ils ont besoin de conférences où ils revoient de près ce que, dans le mouvement rapide de l'enseignement général des classes antérieures, tel qu'il est aujourd'hui constitué, ils n'ont pu suffisamment approfondir. Et, parmi ceux dont le succès couronne les efforts, combien en est-il qui arrivent surmenés, harassés, n'ayant plus ni fraîcheur d'esprit ni force, faute d'avoir été préservés de la fatigue des fausses manœuvres par une direction prise de loin, ferme et sûre! Gardons-nous de cette espèce d'enseignement à rallonges, pour me permettre ce terme familier. La superposition des cours peut être, dans certains cas, — quand il s'agit, par exemple, de connaissances techniques et limitées à un objet spécial, — un moyen nécessaire ou un expédient utile; elle ne saurait servir de règle. L'étoffe dont se fait un bon esprit ne se compose pas de pièces rapportées et ajustées avec plus ou moins de bonheur; c'est une trame tissée dès les premiers linéaments suivant un plan régulier, et où tout se coordonne, s'enchaîne, se tient.

La nécessité de séparer pour fortifier. — Au lieu de s'ingénier à tronquer les études pour tenir rapprochés des éléments que tout sépare, pourquoi ne pas chercher plutôt à distinguer franchement, résolument ce qui est devenu distinct par la force des choses, et fortifier par la séparation même, ce qu'une union factice ne peut qu'affaiblir?

Ce sentiment s'impose de plus en plus à l'opinion éclairée [1].

(1) Voir notre Mémoire sur *La question de l'enseignement secondaire*, p. 83 et suiv. — Cf. le discours prononcé par M. René Goblet à la distribution des prix du

« C'est le rêve de toute administration, de l'administration universitaire comme des autres, de vouloir partout établir les mêmes règles, écrivait récemment, dans une étude justement remarquée, un publiciste d'une compétence incontestée et d'un sens droit[1]. Les esprits sont différents, les caractères différents, les aptitudes différentes, n'importe! On veut tout plier aux mêmes lois, faire peser sur tous les mêmes exigences. Ne faudrait-il pas, tout au contraire, en matière d'éducation surtout, se rapprocher davantage de la nature qui est si libre, si riche et si variée? Plus nous aurons de types divers de l'enseignement, plus nous aurons de chance que tout jeune homme rencontre ici ou là la direction qui lui est propice; les intelligences seront moins coulées les unes et les autres dans le même moule et l'activité du pays tout entier y aura gagné. Hélas! s'il sort de nos lycées tant de véritables avortés, ce n'est pas à eux seuls qu'en appartient la faute »! Et il concluait à la constitution d'un enseignement secondaire français, distinct de l'enseignement dit classique, classique aussi cependant à sa façon, — car il embrasserait, avec les sciences, la langue et la littérature françaises, les langues vivantes, l'histoire et la philosophie, — mais absolument indépendant du grec et du latin, réservés dès lors à ceux qui rechercheraient une culture d'un ordre plus raffiné et plus délicat : « Quand nous aurons un enseignement secondaire français ainsi organisé, ajoutait-il, n'y aura plus de raison de refuser à ses disciples et le baccalauréat et les avantages que confère le diplôme de bachelier. » — « La véritable réforme des études secondaires, la réforme la plus urgente, disait de son côté avec une égale passion des fortes études et du bien public M. Th. Reinach[2], est de fermer l'accès des classes supérieures à un grand nombre de jeunes gens qui ne font que les encombrer. » Et il demandait qu'on leur ouvrît largement les portes de l'enseignement secondaire spécial régularisé et fortifié. Enseignement secondaire français ou enseignement secondaire

[illegible]

lycée d'Amiens, le 5 août 1885; et la brochure de M. Ch. Labaigue sur *La crise de l'enseignement secondaire.*

(1) M. Charles Bigot, *Les programmes de l'enseignement secondaire.* Cette étude a été insérée dans la *Revue politique et littéraire* des 13 et 20 décembre 1884, 3 et 10 janvier 1885.

(2) Lettre au journal *le Temps*, 8 octobre 1879. Cf. dans le même journal un article du 19 septembre 1879 et une lettre anonyme insérée dans le numéro du 10 octobre de la même année.

spécial, au fond, semble-t-il, la différence n'est pas grande, sauf en ceci : que l'un existe et n'a besoin que d'être encouragé, tandis que l'autre serait à constituer de toutes pièces. L'enseignement spécial n'a-t-il pas même pendant longtemps porté le nom d'enseignement français? Quelles que soient les diversités d'appellation, — diversités qui ne résisteraient pas à l'interprétation saine et libérale des règlements actuels de l'enseignement spécial, — l'objet commun de ces protestations qu'appuient tant d'autres témoignages, c'est qu'on ne saurait espérer de maintenir dans le même lit deux courants qui tendent chaque jour à s'écarter davantage.

A ne prendre la question que par le côté où elle touche aux examens de passage, qui sont unanimement considérés comme la force la plus sûre dont nous disposions pour la régénération du baccalauréat, quelle sera la sanction raisonnable de ces jugements, si les moyens nous manquent de remettre dans leur chemin ceux qui se fourvoient? Les éliminations les plus justifiées ne vont jamais sans quelque peine pour ceux qui les imposent aussi bien que pour ceux qui les subissent. Si l'on veut qu'elles tournent au profit des enfants qu'elles frappent, ne faut-il pas qu'on puisse leur dire : il y a d'autres études secondaires qui ne sont pas tout à fait fondées sur les mêmes bases, mais qui se proposent, elles aussi, dans une large mesure, l'éducation générale de l'esprit, que la société honore et auxquelles elle assure les avantages compatibles avec les garanties qu'elles fournissent [1].

C'est l'incomparable supériorité qu'offre l'organisation de l'enseignement public dans la plupart des pays qui nous environnent [2]; et cet avantage, nous en sommes encore à nous le disputer à nous-

[1] C'est sur ce point qu'insistait judicieusement M. Chevandier de Valdrôme dans les déclarations qu'il avait portées à la Chambre des députés (séance du 2 décembre 1882). Voir plus haut, p. 234, note 1. — « Quant au moyen de défendre l'examen contre tout abaissement de niveau qui tiendrait à la faiblesse de la majorité des candidats et d'éviter l'encombrement des classes par les élèves insuffisants, tout en parant aux conséquences d'examens de passage rigoureux et officiellement constitués, ce n'est pas, il me semble, dans un simple remaniement des baccalauréats, mais dans une réorganisation de notre système d'enseignement qu'il faudrait le chercher. » (*Enquête*, recteur de Grenoble, p. 387, 388.)

[2] On sait quelle est, sous ce rapport, la riche organisation de Allemagne : gymnases et écoles réales, gymnases purs et gymnases réals avec ou sans latin, écoles réales pures et écoles réales avec latin, etc. Voir notre Mémoire sur *L'enseignement secondaire spécial*, p. 38 et suivantes.

mêmes, alors que les autres en recueillent déjà si manifestement le profit.

Les obstacles opposés au développement de l'enseignement secondaire spécial. — Chose singulière : une révolution s'est accomplie, il y a cent ans, dans l'état social des peuples civilisés; et, comme il était naturel, nulle part cette révolution n'a marqué plus profondément sa trace que dans le pays d'où le mouvement était parti. Tout s'est transformé dans nos sentiments, nos intérêts, nos lois, nos mœurs; l'instruction a cessé d'être un privilège, la propriété un droit de naissance. A une société reposée, concentrée sur elle-même, composée surtout de clercs et de gens de lettres, enfermée dans les limites que la nature lui avait assignées, ne connaissant et ne pratiquant avec les nations voisines d'autre échange que celui des idées, a succédé une société affairée, expansive, sollicitée de toutes parts par les intérêts du commerce et de l'industrie, mise en demeure, non plus seulement de soutenir l'éclat de sa grandeur héréditaire par la propagande de la production littéraire ou des découvertes scientifiques dont elle n'a pas cessé d'être le foyer, mais de lutter sur tous les marchés du monde pour le développement de sa richesse matérielle, pour la vie. Sur une population de 15 millions d'hommes engagés dans les branches diverses de l'activité nationale, plus de 14 millions sont voués aux professions industrielles et commerciales, tandis que les professions libérales en retiennent à peine 800,000. Par un effet naturel du progrès de la démocratie, ce sont les représentants de ces professions industrielles et commerciales qui sont appelés, chaque jour davantage, à siéger dans les conseils élus, à régler les intérêts publics, à décider de la fortune et de l'honneur de la France. En présence de cette transformation, il n'est pas un ministre de l'instruction publique, depuis quatre-vingts ans, pas un homme d'État qui n'ait travaillé à établir la nécessité d'élargir les cadres de l'instruction secondaire, en respectant en développant même les études classiques, mais en instituant à côté d'elles une forme d'éducation nouvelle pour des besoins nouveaux. Un enseignement s'est créé, en effet, dans l'esprit que Richelieu avait, il y a deux siècles, préconisé et comme prophétisé, d'après les règles étudiées de notre temps par Renouard, Guizot, Cousin, Villemain, Saint-Marc-Girardin, et codifiées par M. V. Duruy. Mais tout a manqué à sa naissance : le nom, qui fait souvent la fortune des choses; les ressources, sans lesquelles les meilleures institutions sont condamnées au discrédit; la sympathique confiance de ceux qui devaient contribuer à le fonder. Malgré les difficultés qu'il rencontrait pour vivre, il a réussi d'abord à ne pas mourir. Il s'est fait reconnaître. Puis par la clientèle nombreuse qu'il a réunie il s'est imposé. Un jour vint où des programmes lui furent donnés, programmes étendus outre mesure, comme il arrive dans les jours d'entraînement[1]. Tandis que dans les études classiques on maintenait le baccalauréat ès sciences distinct du baccalauréat ès lettres, on réunissait dans le baccalauréat de l'enseignement spécial les sciences et les lettres[2]. Et par une nouvelle disgrâce qui est tout à la fois un manque de justice et une faute, en même temps qu'on lui demandait tout, on ne lui accordait rien. Sauf l'admission aux examens de la licence ès sciences[3], le baccalauréat de l'enseignement spécial ne confère à ceux qui seraient tentés de le prendre aucun des avantages dont le baccalauréat classique est si largement doté[4]. Ce n'est même pas pour lui qu'il élève ses meilleurs sujets. Arrivés à la veille du terme de leurs études, ils l'abandonnent — comme si son sort était d'être trahi par tout le monde, même par les siens — pour passer dans quelque classe préparatoire où, après s'être frottés de latin pendant six mois, ils s'assurent le bénéfice d'un diplôme qui les met en possession de tous les droits[5].

L'enseignement secondaire spécial devant l'enquête. — Jamais cependant, il faut le reconnaître, il n'a rencontré plus de bon vouloir,

(1) Voir les programmes du 28 juillet 1882.

(2) Ces anomalies singulières se retrouvent dans le détail même des programmes. «N'est-il pas étrange, par exemple, que le programme d'aucun baccalauréat, sauf celui du baccalauréat de l'enseignement spécial, ne contienne pas la plus petite mention d'histoire ancienne? C'est cependant ainsi.» (*Enquête*, faculté mixte de médecine et de pharmacie de Lille, p. 270.)

(3) *Décret du 28 juillet 1882*, art. 8.

(4) «Aujourd'hui le baccalauréat de l'enseignement spécial n'est accepté par aucune administration. Dans les contributions indirectes, par exemple, on recevra un candidat qui apportera un certificat constatant qu'il a fait ses études jusqu'en troisième avec plus de faveur qu'un bachelier de l'enseignement spécial.» (*Enquête*, lycée d'Albi, p. 872.)

(5) «Malgré les plus grands efforts, les lycées de Paris et quelques rares lycées de province sont à peine arrivés à constituer la cinquième année de l'enseignement spécial. La multiplicité et la difficulté des épreuves du baccalauréat de l'enseigne-

à en juger par l'enquête. Dans un grand nombre d'assemblées, — facultés, lycées ou collèges, — il a obtenu les honneurs d'une discussion sérieuse, passionnée même parfois à son profit[1]. Il en est peu qui lui restent décidément hostiles[2]; la plupart reconnaissent qu'il a, qu'il doit avoir sa place[3]. On demande en sa faveur des établissements distincts[4]; on sollicite des privilèges bien déterminés pour les diplômes auxquels il aboutit; on compte sur l'opinion pour les réclamer, et sur les pouvoirs publics pour les accorder[5]. Des juges en mesure de suivre le mouvement des esprits n'hésitent même pas à proposer de fondre le baccalauréat

ment spécial, jointes à l'absence de sanction, en détournent les candidats. Les élèves qui se destinent aux carrières scientifiques abandonnent, comme par le passé, l'enseignement spécial au bout de la troisième ou de la quatrième année pour les classes de mathématiques de l'enseignement classique.» (*Enquête*, lycée Janson de Sailly, rapport présenté par MM. Breitling, censeur des études, et Fourteau, professeur de physique, p. 689.)

[1] *Enquête*, faculté des sciences de Dijon, p. 208; — de médecine et de pharmacie de Lille, p. 276; — de droit de Paris, p. 587 et 604; — des sciences de Rennes, p. 818; — des sciences de Toulouse, p. 865, 866. = Lycée d'Avignon, p. 17; — Caen, p. 145; — le Havre, p. 153; — Chaumont, p. 220; — Lyon, p. 426; — Janson de Sailly, p. 681 et 684; — Orléans, p. 737; — Reims, p. 744; — Pontivy, 837. = Collège de Nice, p. 29; — Grasse, p. 34; — Ajaccio, p. 35; — Tulle, p. 199; — Cassel, p. 311; — St-Amand, p. 331; — Gap, p. 378; — Chalon-sur-Saône, p. 435; — Cette, p. 509; — Perpignan, p. 510, 511; — Nogent-le-Rotrou, p. 570, 571; — Meaux, p. 776, etc. = Recteur de Besançon, p. 70; — Grenoble, p. 388; — Poitiers, p. 815.

[2] *Enquête*, faculté de droit de Paris, p. 604. = Collège d'Avignon, p. 17. = Recteur de Poitiers, p. 815.

[3] *Enquête*, faculté des sciences de Dijon, p. 208; — de médecine et de pharmacie de Lille, p. 276; — de Rennes, p. 818, etc.

[4] *Enquête*, collège de Cassel, p. 311.

[5] «La nécessité se fera bientôt sentir de donner plus d'importance au baccalauréat de l'enseignement spécial et de le regarder comme suffisant pour les places où il n'est besoin ni de grec ni de latin. On peut ajouter que toute tentative pour diminuer l'importance de l'épreuve classique actuelle est un pas fait vers l'accroissement de l'enseignement spécial. Il y a donc lieu, ce semble, de donner satisfaction à un double besoin : laisser la situation s'établir et apporter à un baccalauréat classique plus riche, où le grec aurait une place plus large, les meilleurs éléments du pays (c'est par là que seraient sauvegardés les intérêts des classes supérieures); d'autre part, abaisser devant l'esprit industriel la barrière actuelle nuisible à un autre ordre d'intérêts, non moins pressants, quoique d'une nature moins relevée.» *Enquête*, faculté des lettres de Caen, p. 137.) — «Il faut de toute nécessité accorder de sérieuses garanties aux examens de l'enseignement spécial. Sans doute il n'y a pas lieu de demander pour les deux enseignements des privilèges identiques; sans quoi,

ès sciences avec le baccalauréat spécial[1]. L'intention manifeste est de laisser se faire, de favoriser même une sélection qui permette à la jeunesse de suivre ses penchants raisonnés, ses intérêts légitimes, dans les voies ouvertes par les besoins d'un monde transformé[2].

aboutissant au même point, ils n'ont plus qu'à se confondre. Mais on peut demander, pour le diplôme d'études de 3e année, l'admission au volontariat; pour le baccalauréat de 5e année, l'admission à Saint-Cyr, à l'École polytechnique, à l'administration des finances, aux postes, etc. (*Enquête*, collège de Remiremont, p. 561.) — Cf. lycée de Caen, p. 145; — de Reims, p. 744. — Collège de Gap, p. 378; — Perpignan, p. 510; — Meaux, p. 776, etc. — Au Lycée de Saint-Quentin, p. 249, on irait jusqu'à l'égalité absolue des droits : le baccalauréat de l'enseignement spécial conférerait pour les écoles, excepté pour l'École normale supérieure, les mêmes droits que le baccalauréat de l'enseignement classique. Cette proposition n'a été adoptée qu'à 2 voix de majorité. Toutefois l'assemblée a demandé à l'unanimité qu'il y ait un baccalauréat assurant des droits sérieux aux élèves de l'enseignement spécial.

[1] «Chacun sait ce qu'il faut penser de la médiocrité, pour ne pas dire de l'insuffisance absolue, des connaissances en latin (je ne parle pas du grec), en histoire, en français même, de la plupart des aspirants au baccalauréat ès sciences. Il n'est pas douteux que le savoir littéraire d'un bachelier spécial, pour être limité à la littérature française, est bien préférable à ce mensonge d'érudition latine qui se dissimule mal, au baccalauréat ès sciences, sous les ambitieuses épreuves de la version latine et de l'explication des auteurs latins. Je conclus en demandant résolument que le baccalauréat spécial prenne la place du baccalauréat ès sciences, qu'il lui emprunte son programme et même son nom ou un nom voisin, celui de baccalauréat ès sciences appliquées, par exemple.» (*Enquête*, recteur de Douai, p. 343. — Cf. p. 347.) — «La faculté des sciences ne verrait aucun inconvénient à supprimer le latin et les questions de philosophie dans le programme du baccalauréat ès sciences; ce qui permettrait d'identifier cette épreuve avec le baccalauréat ès arts et d'éviter ainsi une multiplicité d'examens et de programmes destinés à faire la preuve des études d'enseignement secondaire.» (*Enquête*, faculté des sciences de Poitiers, p. 783.) — «Quant au baccalauréat ès sciences et au baccalauréat de l'enseignement spécial, la commission estime que ce dernier confère de trop médiocres avantages et donne trop peu de droits à ceux qui l'ont obtenu, et que, d'autre part, la connaissance du français ou bien d'une langue vivante est au moins aussi utile que la connaissance du latin à des jeunes gens qui se destinent à la carrière militaire, à l'industrie ou au commerce. Aussi juge-t-elle que ces deux examens devraient être réduits à un seul, et que la version latine, dans ce cas, serait avantageusement remplacée par une composition française ou une composition de langue vivante, au gré des candidats.» (*Enquête*, lycée de Nancy, p. 420.) — Cf. lycée de Pontivy (opinion de la commission), p. 834; — Albi, p. 872. — Collège d'Ajaccio, p. 35; — de Melun, p. 765.

[2] «Ne vaut-il pas mieux comprendre que, dans notre société profondément modifiée, renouvelée, des besoins impérieux et les luttes de la vie active restreignent singulièrement la place de ces études désintéressées auxquelles on se livrait aux siècles passés?» (*Enquête*, recteur de Dijon, p. 235.)

Conclusion. — Et quel bénéfice pourrait-il y avoir, en effet, pour le développement des forces intellectuelles du pays, à conserver sur les bancs de l'enseignement classique des jeunes gens qui n'en ont point le goût et qui pourraient fort utilement, pour eux et pour les autres, porter ailleurs l'effort de leur intelligence? En sauvant d'elle-même cette catégorie d'élèves qui végètent, et en les rendant à leur activité naturelle, ce sont les études classiques que du même coup on peut espérer de relever. Elles ne perdront rien à se séparer de ceux qui ne leur appartiennent point; elles peuvent tout gagner à s'assurer plus fortement ceux qui veulent et qui peuvent leur rester fidèles[1]. Allégé du poids qui l'entrave, le ressort des bonnes études se redressera; le baccalauréat, puisqu'il en est le signe reconnu et difficile à changer, se relèvera; l'enseignement libre, qu'il n'est possible de régler que par l'exemple, sera entraîné dans le mouvement commun. On modifie sans doute les institutions dont on améliore les formes; on ne peut espérer de les rajeunir qu'en y infusant un sang nouveau. Affranchir l'enseignement classique des éléments qu'il s'assimile mal ou qu'il ne s'assimile point, seconder l'essor de l'enseignement spécial en étendant, dans la mesure qu'il comporte, à ceux qui le suivent, les avantages sociaux qu'ils ont le droit de partager, c'est peut-être là, quant à présent, avec une bonne constitution des examens de passage, la meilleure solution de la question du baccalauréat.

[1] «L'abaissement des études littéraires et par suite celui de la culture générale qu'elles donnent à l'esprit sont des faits trop certains, qui vont déjà s'aggravant chaque jour avec le système actuel. Il est incontestable d'autre part que les besoins de l'époque rendent chaque jour plus nécessaire l'extension des études positives et pratiques. Si l'on ne veut pas, en conséquence, que les études littéraires meurent avant peu de consomption, il faut trancher dans le vif et en faire résolument l'apanage d'une petite élite.» (*Enquête*, faculté des lettres de Douai, p. 285.)

www.ingramcontent.com/pod-product-compliance
Ingram Content Group UK Ltd.
Pitfield, Milton Keynes, MK11 3LW, UK
UKHW012044240726
13965UKWH00003B/1042

9 782013 559959